**Andamento dei mercati aziona**                              **Cina**

Muhammad Abdul Kabeer

# Andamento dei mercati azionari nei principali paesi SAARC e in Cina

**ScienciaScripts**

**Imprint**

Any brand names and product names mentioned in this book are subject to trademark, brand or patent protection and are trademarks or registered trademarks of their respective holders. The use of brand names, product names, common names, trade names, product descriptions etc. even without a particular marking in this work is in no way to be construed to mean that such names may be regarded as unrestricted in respect of trademark and brand protection legislation and could thus be used by anyone.

Cover image: www.ingimage.com

This book is a translation from the original published under ISBN 978-3-330-65228-6.

Publisher:
Sciencia Scripts
is a trademark of
Dodo Books Indian Ocean Ltd. and OmniScriptum S.R.L publishing group

120 High Road, East Finchley, London, N2 9ED, United Kingdom
Str. Armeneasca 28/1, office 1, Chisinau MD-2012, Republic of Moldova, Europe

**ISBN: 978-620-8-36203-4**

Copyright © Muhammad Abdul Kabeer
Copyright © 2024 Dodo Books Indian Ocean Ltd. and OmniScriptum S.R.L publishing group

**L'INFLUENZA DELLA MACROECONOMIA**
**FATTORI SUI MERCATI AZIONARI**
**PRESTAZIONI AL TOP**

**PAESI SAARC**

**E LA CINA**
**DA**
**MUHAMMAD ABDUL KABEER**

**DIPARTIMENTO DI CONTABILITÀ e FINANZA**
**UNIVERSITÀ DI LAHORE, CAMPUS DI ISLAMABAD**

INDICE DEI CONTENUTI

**Sezione 01** ............................................................................................................ 5

**Sezione 02** ............................................................................................................ 12

**Sezione 03** ............................................................................................................ 43

**Sezione 04** ............................................................................................................ 49

**Sezione 05** ............................................................................................................ 74

##### PREFAZIONE

La SAARC (1985), l'Associazione per la Cooperazione Regionale dell'Asia Meridionale, è un'organizzazione economica di otto Paesi (Afghanistan, Bangladesh, Bhutan, India, Maldive, Nepal, Pakistan e Sri Lanka) e della Cina (la seconda economia del mondo dopo gli Stati Uniti) che, come associazione, è la più grande in termini di volume di scambi borsistici rispetto ad altre nel resto del mondo. Inoltre, svolge un ruolo importante nel guidare i mercati azionari di altri Paesi dell'Asia, come i Paesi del Medio Oriente, gli Stati Indipendenti della Comunità (1991), Azerbaigian, Armenia, Georgia, Kazakistan, Kirghizistan, Moldavia, Tagikistan, Turkmenistan e Uzbekistan, ecc. e i Paesi dell'ASEAN (1967), ossia Indonesia, Malesia, Filippine, Singapore, Thailandia e Vietnam, nonché Iran e Turchia.

I Paesi della SAARC (Afghanistan, Bangladesh, Bhutan, India, Maldive, Nepal, Pakistan e Sri Lanka) dispongono di oltre 411 miliardi di riserve estere e hanno un tasso di cambio stabile tra il dollaro USA e le valute locali in tutti i Paesi e commerciano strettamente con gli altri Paesi membri. Qualsiasi impatto o cambiamento significativo delle attività economiche, ad esempio l'inflazione, potrebbe avere un forte impatto sui partner commerciali della regione dell'Asia meridionale e della Cina.

L'indice dei mercati azionari di Cina, Bangladesh, India, Pakistan e Sri Lanka ha svolto un ruolo fondamentale nel sostenere la crescita dei settori del commercio, dell'industria, delle telecomunicazioni, dell'industria automobilistica e della scienza e tecnologia nei Paesi SAARC, che sono costituiti da importanti società blue chip con un grande capitale umano e finanziario. Il settore è inoltre ben ampliato in quanto comprende diversi settori industriali nei Paesi SAARC e nella Repubblica Popolare Cinese. Un'ottima performance dei mercati azionari di questi Paesi emergenti potrebbe influenzare numerosi settori di qualsiasi Paese, compreso l'indice dei prezzi al consumo come indicatore del tasso di inflazione, il tasso di cambio, gli investimenti diretti esteri e così via. La ricerca sulla presentazione di questi mercati azionari potrebbe fornire ai contributori del mercato un'immagine pura dello sviluppo di vari settori industriali nei Paesi SAARC.

L'associazione tra le principali variabili economiche e la presentazione del mercato azionario sarà discussa in questo studio particolare per vedere se ci sono effetti a lungo termine e/o a breve termine delle principali variabili economiche sullo sviluppo del mercato azionario. Si è capito che il tasso di inflazione (indice dei prezzi al consumo), il tasso di cambio e gli investimenti diretti esteri hanno influenze positive/(negative) significative e/o non significative sui mercati azionari dei Paesi SAARC.

**Astratto**

*"Nel mondo globale l'investimento nel mercato dei capitali svolge un ruolo fondamentale per un'economia, soprattutto nei Paesi emergenti". L'obiettivo fondamentale della tesi di ricerca è quello di esaminare l'influenza delle variabili chiave sul rendimento dei mercati azionari dei Paesi SAARC e della Cina. Diversi ricercatori hanno rilevato l'influenza delle variabili macroeconomiche sul rendimento dei singoli mercati azionari. L'influenza di tre variabili economiche indipendenti, ossia il cambio, gli investimenti diretti esteri e l'inflazione (misurata dall'indice dei prezzi al consumo) nei Paesi SAARC e in Cina, è stata confrontata con i risultati di due gruppi. L'autore lavora su dati mensili ad alta frequenza di tutte le variabili dipendenti e indipendenti, ottenuti negli ultimi cinque anni da diverse fonti autentiche.*

*Per raggiungere questi obiettivi di ricerca, lo studio utilizza il metodo dei minimi quadrati ordinari (OLS) per stimare il coefficiente di correlazione di Pearson e i modelli di regressione multipla. I risultati mostrano che nel primo gruppo, il cambio e l'inflazione hanno un'influenza significativa (positiva), mentre gli IDE hanno un'influenza insignificante (negativa) sul rendimento del mercato azionario in Bangladesh. In Pakistan, il cambio e l'inflazione hanno un'influenza significativa (negativa), mentre gli IDE hanno un'influenza insignificante (positiva) sul rendimento del mercato azionario. Nello Sri Lanka il cambio ha un'influenza significativa (positiva), mentre gli IDE e l'inflazione hanno un'influenza significativa (negativa) sul rendimento del mercato azionario.*

*Nel secondo gruppo, l'India e la Cina sono influenzate in modo significativo (negativo) dal cambio e dall'inflazione, mentre gli IDE hanno un'influenza non significativa (positiva) sul rendimento del mercato azionario. L'elevato valore di $R^2$ mostra che le variazioni di tutte le variabili indipendenti hanno spiegato i mercati dei capitali di tutti i Paesi in tutti i modelli. Il modello Allencompassing è ammirevole per la probabilità della statistica F che è pari al 95% dell'intervallo di confidenza. Il valore della statistica di Durbin-Watson non evidenzia problemi di correlazione seriale in tutti i modelli.*

**Parole chiave:** fattori macroeconomici, rendimenti del mercato azionario, paesi SAARC, Cina, regressione multipla, ordinary least square (OLS)

# Sezione 01

PANORAMICA DELLA RICERCA

**1.1** INTRODUZIONE:

Nel secolo scorso, numerose teorie finanziarie sono state introdotte da ricercatori e promosse da altri studiosi dopo un certo lasso di tempo. Prima è stata annunciata la teoria del CAPM (Capital Asset Pricing Model) a fattore singolo, che prendeva in considerazione il rendimento, poi l'estensione del CAPM con un modello a due fattori, che ha presentato la teoria dei prezzi di arbitraggio (APT), che discuteva gli stessi asset e molti fattori di rischio comuni, e successivamente è stato annunciato il modello a tre fattori di Fama e French, che ha ampliato il CAPM con il rischio ($\beta$), le dimensioni e il valore dell'azienda e, in seguito, l'ulteriore miglioramento del modello di Fama e French con l'aggiunta del fattore momentum, chiamato modello a quattro fattori. Il ricercatore si è occupato del rendimento azionario dell'intero mercato dei capitali, del settore e del rendimento di una particolare società quotata in borsa e, a volte, del confronto tra questi rendimenti di due società e/o settori con l'ausilio di variabili indipendenti comuni esistenti in qualsiasi economia.

Emin et al. (2012) hanno esaminato i rapporti basati sul mercato di quattro variabili indipendenti, ovvero gli utili trimestrali per azione (EPS), il rapporto prezzo/utili trimestrale (P/E) e il rapporto mercato/valore contabile trimestrale (M/B), per valutarne l'impatto sulla variabile dipendente, ovvero i rendimenti azionari trimestrali di sei compagnie assicurative della Borsa di Istanbul (ISE), Tukey. I ricercatori hanno lavorato su dati trimestrali dal secondo e terzo trimestre del 2000 al quarto trimestre del 2009, utilizzando la metodologia dell'analisi di regressione panel. Lo studio ha rilevato che gli indici basati sul mercato (MBR) hanno un potere esplicativo sia sulle variazioni dei rendimenti azionari correnti che su quelli di un periodo precedente. Il rapporto utili per azione (EPS), il rapporto prezzo/utili (P/E) e il rapporto basato sul mercato (MBR) spiegano lo 0,06 delle variazioni dei rendimenti azionari correnti. Il rapporto utili per azione (EPS), il rapporto prezzo/utili (P/E) e il rapporto basato sul mercato (MBR) spiegano lo 0,63 dei rendimenti azionari di un periodo precedente.

Sohail et al. (2012) hanno studiato le politiche macroeconomiche per sei variabili indipendenti, ovvero l'indice di produzione industriale, l'indice dei prezzi al consumo, l'offerta di moneta (M2), l'effettivo reale, il tasso dei buoni del tesoro a tre mesi e il tasso di cambio, con un impatto comparativo sulle variabili dipendenti: tre borse valori, ovvero la borsa di Islamabad (ISE), la borsa di Lahore (LSE) e la borsa di Karachi (KSE), in Pakistan. Gli autori hanno lavorato su dati mensili dal novembre 1991 al giugno 2008, utilizzando la tecnica di cointegrazione di Johansen, ottenendo un impatto positivo a lungo termine della produzione industriale (IP) sul rendimento delle azioni in tutti e tre i mercati. In tutti gli indici il tasso di cambio ha avuto un impatto positivo, ad eccezione dell'indice ISE-10. Nel mercato azionario di Karachi l'inflazione è correlata positivamente con i rendimenti azionari, mentre è correlata negativamente con i mercati della borsa di Islamabad e di Lahore. L'offerta di moneta ha influito negativamente sui rendimenti azionari e il tasso dei buoni del tesoro ha avuto un effetto misto su tutti i mercati.

Mohidin et al. (2011) hanno analizzato la relazione di quattro variabili indipendenti, ovvero il tasso di interesse, l'inflazione, il tasso di cambio e il PIL, con le variabili dipendenti, ovvero il rendimento dei mercati azionari di Stati Uniti, Cina e Malesia. Lo studio, condotto su dati mensili dal gennaio 2000 al novembre 2009, ha rilevato una relazione di lungo periodo sui rendimenti azionari tra l'inflazione attesa e quella inattesa, mentre esiste una relazione di breve periodo tra l'inflazione della Malesia e degli Stati Uniti e quella della Cina. Il test di cointegrazione indica che esiste una relazione di equilibrio a lungo termine tra queste variabili. Non esistono relazioni di breve periodo tra il rendimento del mercato azionario, l'inflazione attesa, il tasso di cambio, l'inflazione inattesa, il tasso di interesse e il PIL negli Stati Uniti e in Malesia. In Cina, sono state riscontrate relazioni a breve termine tra i tassi di inflazione previsti (INF) e il rendimento del mercato azionario cinese.

Bae et al. (1996) hanno analizzato i fattori di mercato e di settore di sei variabili indipendenti, ovvero l'indice S&P 500, l'indice dei prezzi al consumo, i rendimenti dei buoni del tesoro a tre mesi (T-Bills), l'indice di produzione industriale, le spedizioni di aeromobili e le spese del Dipartimento della Difesa, per valutare l'impatto sulla variabile dipendente, ovvero i rendimenti azionari del settore aerospaziale negli Stati Uniti. Lo studioso ha lavorato sui dati relativi al periodo gennaio 1982-dicembre 1991 e ha riscontrato un impatto significativamente positivo dei rendimenti del mercato S&P e delle spese del Dipartimento della Difesa sui rendimenti delle azioni del settore aerospaziale, mentre l'influenza delle altre variabili sui rendimenti delle azioni del settore aerospaziale è risultata insignificante.

Hameed (2003) ha considerato l'impatto sulla redditività di tre variabili indipendenti, ovvero il PIL pro capite, il tasso di crescita del PIL e l'inflazione, sulle variabili dipendenti, ovvero il BTP/TA (Before Tax Profit: rapporto tra il profitto al lordo delle imposte e il totale delle attività), il ROA e il ROE delle banche islamiche nei Paesi del Medio Oriente, Bahrain, Egitto, Giordania, Kuwait, Qatar, Sudan, Turchia ed Emirati Arabi Uniti. Lo studioso ha lavorato su dati relativi al periodo 1993-1998, e la regressione di lavoro ha stabilito che un elevato rapporto capitale/attività (HC/TA) e prestiti/attività (L/TA) portano a una maggiore redditività (P), inoltre è probabile che le banche di proprietà straniera siano redditizie. I risultati della tecnica di regressione indicano che le imposte implicite ed esplicite hanno un impatto negativo sulla performance e sulla redditività delle banche a parità di condizioni, mentre hanno un impatto positivo sulle misure di performance delle condizioni macroeconomiche favorevoli; inoltre, i rendimenti delle banche e dei mercati azionari sono complementari tra loro.

Nisa et al. (2011) hanno esaminato il rendimento di mercato di 14th variabili indipendenti, ovvero il rapporto di liquidità, la struttura del capitale, il rapporto tra valore di mercato e valore contabile, il rapporto di distribuzione dei dividendi, l'utile per azione dell'anno precedente, la dimensione dell'impresa, il rapporto di rotazione delle azioni, la crescita del PIL, l'inflazione, il tasso di interesse, l'offerta di moneta, la dimensione del mercato azionario, la profondità finanziaria e la variabile dummy per l'effetto temporale, che contribuiscono all'impatto della variabile dipendente, ovvero la borsa di Karachi (KSE), in Pakistan. Lo studioso ha lavorato su dati di 221 imprese tra il 1995 e il 2006 e ha utilizzato la procedura di correlazione e il Metodo dei Momenti Generalizzato (GMM). Concludendo, i comportamenti precedenti sono i fattori più importanti dei prezzi azionari, le dimensioni dell'azienda (S), il precedente rapporto utili per azione (EPS). Tuttavia, gli indicatori macroeconomici come la variazione del prodotto interno lordo (crescita del PIL), il tasso di interesse e la profondità finanziaria hanno una relazione significativa con i prezzi delle azioni. Il rapporto tra valore di mercato e valore contabile (MBV), il rapporto di rotazione delle azioni (S/T) e il tasso di inflazione potrebbero influenzare il comportamento dei prezzi azionari.

Maghyereh et al. (2004) hanno analizzato la relazione tra una singola variabile indipendente, ovvero lo shock del prezzo del greggio, e la variabile dipendente, ovvero ventidue Paesi emergenti: Argentina, Brasile, Cile, Cina, Repubblica Ceca, Egitto, Grecia, India, Indonesia, Giordania, Corea, Malesia, Messico, Marocco, Ungheria, Pakistan, Filippine, Polonia, Sudafrica, Taiwan, Thailandia e Turchia. Gli autori hanno lavorato su dati giornalieri dal 1° gennaio 1998 al 31 aprile 2004, utilizzando la tecnica del modello di autoregressione vettoriale (VAR). Hanno ottenuto che gli shock petroliferi nelle economie emergenti non hanno un impatto significativo sui rendimenti azionari. Inoltre, è stata riscontrata un'evidenza molto debole delle relazioni tra gli shock del prezzo del greggio (OP) e i rendimenti del mercato azionario in tutte le economie emergenti.

Martani et al. (2009) hanno esaminato gli effetti dei rapporti finanziari e delle attività aziendali di otto variabili indipendenti: margine di profitto netto, rendimento del capitale proprio, rapporto corrente, debito rispetto al capitale proprio, rotazione totale delle attività, rapporto prezzo/valore contabile, flusso di cassa da attività operative/vendite e dimensioni dell'azienda (totale dell'attivo) sulla variabile dipendente, ossia le società quotate dell'industria manifatturiera nella borsa di Giacarta, in Indonesia. Lo studio si è basato su dati trimestrali dal 2001 al 2006, applicando la tecnica della correlazione e della regressione. Il rapporto di redditività (P), il rapporto di turnover (T) e il rapporto di mercato hanno avuto un impatto significativo sul rendimento delle azioni. Inoltre, gli indici finanziari, le dimensioni dell'azienda (S) o le attività totali e il flusso di cassa da attività operative influenzano complessivamente il rendimento rettificato dal mercato e il rendimento anomalo (AR). Il rendimento rettificato e il rendimento anomalo (AR) sono rappresentati dagli indici di redditività (NPM e ROE), dal TATO e dall'indice di valore di mercato (PBV), variabili che risultano costantemente significative sul rendimento azionario.

Tirapat et al. (1999) hanno analizzato la relazione tra quattro variabili indipendenti, ovvero la crescita della produzione industriale, l'inflazione (CPI), le variazioni dei tassi di interesse e le variazioni dell'offerta di moneta (M2), e la variabile dipendente, ovvero la borsa valori della Thailandia (SET). Gli studiosi hanno lavorato su dati mensili dal gennaio 1987 al dicembre 1996 e hanno utilizzato il metodo dell'analisi di regressione, scoprendo che la sensibilità dell'impresa all'inflazione potrebbe essere maggiore, così come l'esposizione dell'impresa alle difficoltà finanziarie.

Yahyazadehfar et al. (2012) hanno studiato l'impatto delle politiche macroeconomiche di tre variabili indipendenti, ossia il tasso di interesse, il prezzo delle case e il prezzo dell'oro, sulla variabile dipendente, ossia la Borsa di Teheran (TSE), in Iran. I ricercatori hanno lavorato su dati mensili da marzo 2001 ad aprile 2011 eseguendo il modello di regressione automatica vettoriale (VAR) e la cointegrazione di Johansen-Juselius. È stata stabilita una relazione positiva tra il prezzo della casa (HP) e il rendimento azionario, ma è stata riscontrata una relazione negativa tra il tasso di interesse nominale e il prezzo dell'oro (GP) e il rendimento azionario.

I vari ricercatori hanno trovato risultati diversi nei loro studi in diversi periodi di tempo. Gli obiettivi principali di questa ricerca sono l'esplorazione dei principali fattori economici selezionati che influenzano positivamente o negativamente i rendimenti dei mercati dei capitali dei Paesi SAARC (South Asian Association for Regional Cooperation) e della Cina. E scoprire le relazioni esistenti tra queste variabili indipendenti e dipendenti. Esplorare anche l'impatto significativo/insignificante di queste variabili indipendenti sui mercati azionari dei Paesi SAARC (Afghanistan, Bangladesh, Bhutan, India, Maldive, Nepal, Pakistan e Sri Lanka) e della Cina.

**1.2** DICHIARAZIONE DEL PROBLEMA:

La SAARC (1985), l'Associazione per la Cooperazione Regionale dell'Asia Meridionale, un'organizzazione economica di otto Paesi, Afghanistan, Bangladesh, Bhutan, India, Maldive, Nepal, Pakistan e Sri Lanka, ha il volume di scambi azionari più grande ed energico dell'Asia

Meridionale rispetto ad altre associazioni di Paesi asiatici. Pertanto, la performance dei mercati azionari dei Paesi SAARC in tutti i tempi ha un ruolo molto importante per il resto dell'Asia meridionale e per il suo principale partner commerciale, la Cina. I rendimenti dei mercati azionari dei Paesi SAARC e della Cina mostrano un forte legame con il resto dei mercati azionari asiatici, come i Paesi ASEAN (Malesia, Indonesia, Filippine, Taiwan), i Paesi del Medio Oriente (Regno dell'Arabia Saudita, Emirati Arabi Uniti, Oman, Il rendimento del mercato azionario cinese, migliore della performance degli indici, agisce come un benchmark per tutti gli altri Paesi del resto del mondo.

Tuttavia, i ricercatori si sono occupati dell'influenza dei principali fattori economici, come l'inflazione, il tasso di cambio e gli investimenti diretti esteri, sui rendimenti dei mercati azionari dei Paesi emergenti. Diversi studi sono stati condotti sui mercati azionari dei Paesi asiatici e hanno rilevato una scarsa attenzione alle relazioni di lungo e breve periodo esistenti tra i principali fattori economici e le performance dei mercati azionari. Pertanto, i ricercatori desiderano promuovere l'esame dell'impatto sui Paesi SAARC e sulla Cina, un mercato azionario emergente dell'Asia meridionale rispetto al resto del mondo. È innegabile che la Cina sia uno dei Paesi più rivoluzionati al mondo, il che è degno di nota per ulteriori ricercatori. Inoltre, il contributo delle variabili economiche sulla presentazione del mercato azionario dei Paesi SAARC e della Cina è minore. E il confronto tra le performance del mercato dei capitali di questi Paesi si divide in due coppie: la prima è quella del Bangladesh, del Pakistan e dello Sri Lanka, la seconda è quella della Cina e dell'India.

**1.3** OBIETTIVI DELLA RICERCA

**1.3.1 Obiettivi generali della ricerca:**

Gli obiettivi generali di questa tesi di ricerca sono i seguenti:

1. Discutere un'idea dell'Associazione dell'Asia meridionale per la cooperazione regionale (SAARC) e della Cina.

2. Esaminare le relazioni tra il rendimento dei mercati dei capitali dei principali Paesi SAARC e della Cina e tre variabili macroeconomiche, ovvero il tasso di cambio (US$ contro valuta locale), gli investimenti diretti esteri (IDE) e il tasso di inflazione (misurato dall'indice dei prezzi al consumo).

3. Esaminare le eventuali correlazioni esistenti tra i paesi Top SAARC e i mercati azionari cinesi e i fattori macroeconomici.

**1.3.2 Obiettivi specifici della ricerca:**

Gli scopi specifici di questa tesi di ricerca sono i seguenti:

1. Analizzare se il tasso di cambio (valuta locale contro US$) ha un impatto positivo/negativo significativo/insignificante sulla performance dei mercati azionari dei paesi SAARC e della Cina.

2. Analizzare se gli effettivi investimenti diretti esteri (IDE) hanno un impatto positivo/negativo significativo/insignificante sulla crescita del mercato azionario dei Paesi SAARC e della Cina.

3. Analizzare se il tasso di inflazione (misurato dall'indice dei prezzi al consumo) ha un impatto positivo/negativo significativo/insignificante sulla crescita dei mercati azionari dei paesi SAARC e della Cina.

**1.4** SIGNIFICATO DELLO STUDIO:

Lo studio analizza le relazioni tra i principali fattori economici e lo sviluppo del mercato azionario nei Paesi SAARC, l'Associazione Sud Asiatica per la Cooperazione Regionale, un'organizzazione economica di otto Paesi (Afghanistan, Bangladesh, Bhutan, India, Maldive, Nepal, Pakistan e Sri Lanka) e la Cina, con tre variabili: il tasso di cambio effettivo, gli investimenti diretti esteri e il tasso di inflazione (misurato dall'indice dei prezzi al consumo). Lo studio si concentra anche sui mercati dei capitali della Cina, che è il primo partner commerciale di Pakistan, Bangladesh, India e Sri Lanka. La Cina ha una bilancia commerciale positiva con tutti questi Paesi e 11,06 trilioni di prodotto interno lordo (PIL) nell'ultimo anno finanziario e dispone di 3,40 trilioni di riserve estere. La Cina svolge un ruolo importante nel mercato dei capitali ed è un importante indicatore della crescita dell'economia mondiale, per cui è essenziale una ricerca dettagliata sul mercato dei capitali cinese.

Inoltre, pochi studi hanno incluso le riserve estere come variabili indipendenti per spiegare la crescita del mercato dei capitali di un Paese. Altri studi si sono concentrati principalmente sul tasso di interesse (tasso dei T-bills a 91 giorni), sull'indice di produzione industriale e sull'influenza del debito pubblico sulla crescita del mercato dei capitali. Le riserve estere in Cina giocano sicuramente un ruolo fondamentale nel determinare la crescita dei rendimenti azionari in Cina negli ultimi anni: una volta che un Paese ha raggiunto uno status di elevate riserve estere, la sua economia sperimenterà una crescita più elevata, che si tradurrà in un aumento degli investimenti diretti esteri e in un tasso di crescita più rapido del mercato dei capitali del Paese. Ciò rende gli investitori stranieri curiosi di sapere come le riserve estere in Cina abbiano influito in modo significativo sulla crescita del mercato dei capitali e sulla stabilità della loro crescita economica.

Sebbene esistano numerose letterature empiriche sulle relazioni tra i principali fattori economici e i rendimenti azionari, tuttavia i ricercatori si sono preoccupati molto durante la crisi finanziaria nel mondo. Pertanto, questo studio vorrebbe analizzare i principali fattori economici, ossia il tasso di cambio, gli investimenti diretti esteri e l'inflazione, e il rendimento azionario nel periodo successivo alla crisi finanziaria asiatica. Inoltre, potrebbe aiutare gli investitori a scegliere il Paese migliore per gli investimenti a lungo termine con una direzione corretta.

# Sezione 02

**RASSEGNA DELLA LETTERATURA**

## 2.1 REVISIONE DELLA LETTERATURA EMPIRICA:

Un obiettivo di rendimento in cui il fornitore di capitale cerca di far crescere il valore dell'assortimento, soprattutto attraverso il guadagno delle attività, nel corso del tempo per soddisfare le esigenze future, piuttosto che un reddito da dividendo. Si tratta di una teoria che si occupa di determinare il tasso di rendimento richiesto o il rendimento atteso per le attività incerte, in base al rischio metodico delle attività rispetto a una raccolta di mercato. Nel lungo periodo gli investitori razionali richiedono un rendimento perpetuo, ossia un desiderio di reddito fisso con un certo grado di rischio, ma in alcuni momenti il mercato fornisce un rendimento basso, mentre nel breve periodo scelgono il rendimento degli investimenti azionari nei settori finanziari, che presentano un rischio, con un grado di rendimento escluso in settori particolari, come il mercato azionario in una precisa situazione di un paese. Il Capital Asset Pricing Model (CAPM), costruito da Harry Markowitz (1959), tiene conto della simpatia dell'attività verso il rischio non diversificabile (noto anche come rischio metodico o rischio di mercato particolare), spesso indicato dall'entità del beta ($\beta$) nella diligenza finanziaria, insieme al rendimento atteso del mercato e al rendimento atteso di un'attività teorica priva di rischio. Numerosi risultati sono stati ottenuti in varie ricerche sulle condizioni economiche particolari dei Paesi in cui si trovano i rendimenti azionari nei Paesi emergenti e in quelli sviluppati del resto del mondo.

Doong et al. (2004) hanno discusso gli spillover di prezzo e volatilità di una singola variabile indipendente, il tasso di cambio, e della variabile dipendente, i mercati azionari dei Paesi del G-7 (Canada, Francia, Germania, Italia, Giappone, Regno Unito e Stati Uniti). I ricercatori hanno lavorato su dati settimanali dal 1° maggio 1979 al 1° gennaio 1999, utilizzando la procedura del modello EGARCH, concludendo che i movimenti futuri del tasso di cambio (ER) influenzeranno i prezzi delle azioni, ma hanno un impatto meno diretto sulle variazioni future dei prezzi delle azioni (SP). Nel mercato dei cambi di Francia, Italia, Giappone e Stati Uniti si registrano significativi spillover di volatilità e/o effetti asimmetrici da questi mercati azionari.

Hsing (2014) ha analizzato l'impatto di sette variabili macroeconomiche indipendenti: debito pubblico, tasso di cambio, produzione reale, tasso di interesse nazionale, tasso di inflazione atteso, indice del mercato azionario estero e tasso di interesse estero e la variabile dipendente indice del mercato azionario estone, Estonia. L'autore ha lavorato dal primo trimestre del 2000 al terzo trimestre del 2013 (dimensione del campione 55) utilizzando la tecnica della regressione stimata. Il rapporto debito/PIL e il PIL reale hanno un'influenza positiva sull'indice del mercato azionario estone, mentre il tasso di cambio (ER), il tasso di interesse nazionale (IR), il tasso di inflazione atteso (INF) e il rendimento dei titoli di Stato dell'area euro (GB) hanno un'influenza negativa sull'indice del mercato azionario tedesco. Il rapporto debito pubblico/PIL ha un impatto positivo sull'indice del mercato azionario estone (ESM). Anche gli impatti del tasso di cambio (ER), del tasso di prestito (IR) e del PIL reale sull'indice del mercato azionario tedesco (GTM) sull'indice del mercato azionario estone (ESM) in percentuale sono maggiori rispetto agli impatti del rapporto debito/PIL e del rendimento dei titoli di Stato dell'area dell'euro (GB) emessi dal Governo.

Hussain et al. (2009) hanno esaminato la relazione di lungo e breve periodo tra le cinque variabili macroeconomiche indipendenti, ovvero l'indice dei prezzi al consumo, il tasso di cambio effettivo reale, il tasso dei buoni del tesoro a tre mesi, l'indice di produzione industriale e l'offerta di moneta (M2), e la variabile dipendente, l'indice 25 della Borsa di Lahore, in Pakistan. Lo studio, condotto su dati mensili da dicembre 2002 a giugno 2008, ha applicato il test di cointegrazione, il modello di correzione dell'errore vettoriale, il test della radice unitaria e la decomposizione della varianza. L'indice dei prezzi al consumo (CPI) ha un impatto negativo sui rendimenti azionari (SR), mentre l'indice di produzione industriale (OP), il tasso di cambio effettivo reale (ER) e la massa monetaria (M2) hanno un effetto positivo significativo sui rendimenti azionari (SR) nel lungo periodo.

Naik (2013) ha studiato i fondamentali economici di cinque variabili indipendenti, ovvero l'indice di produzione industriale, il tasso di inflazione, l'offerta di moneta, il tasso di interesse a breve termine e i tassi di cambio, e la variabile dipendente Bombay Stock Exchange (BSE), India. Il ricercatore ha lavorato dall'aprile 1994 all'aprile 2011 e ha utilizzato il metodo di cointegrazione di Johansen e il modello di correzione degli errori vettoriali, scoprendo che l'offerta di moneta e la produzione industriale (IP) sono positivamente correlate al rendimento azionario (SR), ma negativamente correlate al tasso di inflazione (IR) sul rendimento azionario (SR). Il tasso di cambio (ER) e il tasso di interesse a breve termine (IR) hanno un impatto insignificante sul rendimento azionario (SR). In termini di causalità di Granger, le variabili macroeconomiche causano il rendimento azionario (SR) sia nel lungo che nel breve termine.

Özlen (2014) ha analizzato gli effetti delle cinque variabili macroeconomiche nazionali indipendenti, ovvero il tasso d'interesse, il tasso di cambio, il tasso d'inflazione (indice dei prezzi al consumo), il deficit delle partite correnti e il tasso di disoccupazione, e delle variabili dipendenti, selezionando 48 società di 11 diversi settori della Borsa di Istanbul, in Turchia. Lo studioso ha lavorato dal febbraio 2005 al febbraio 2012 e ha effettuato l'analisi con l'Autoregressive Distributed Lag (ARDL). Il tasso di cambio (ER) ha avuto un'influenza significativa su quasi tutti i settori, ad eccezione dei settori delle comunicazioni e del tessile. Gli impatti del deficit delle partite correnti (CAD), del tasso di inflazione (INF), del tasso di interesse (IR) e del tasso di disoccupazione sono diversi nei settori selezionati.

Madaleno et al. (2011) hanno esaminato l'influenza delle aspettative sui rendimenti azionari internazionali e le tre variabili macroeconomiche indipendenti, ossia l'indice di produzione industriale, l'indice di fiducia dei consumatori e l'indice di fiducia delle imprese, e le variabili dipendenti, ossia l'indice dei prezzi delle azioni di Stati Uniti, Regno Unito, Giappone, Portogallo, Spagna, Germania, Francia e Italia. Gli studiosi, che hanno lavorato dal primo trimestre del 1985 al quarto trimestre del 2009, hanno applicato il test di Augmented DickeyFuller (ADF), il test di Phillips Perron (PP), il test di Kwiatkowski Phillips Schmidt Shin (KPSS) e il modello autoregressivo vettoriale (VAR), giungendo alla conclusione di una correlazione positiva tra i prezzi delle azioni (SP) e le variazioni del sentiment, ad eccezione di Italia e Germania (indice di fiducia dei consumatori (CCI)). I rendimenti azionari (SR) rispondono solo in modo contemporaneo ai propri shock, mentre determinano risposte significative e forti delle variabili relative alla fiducia e alla produzione industriale (IP).

Kudal (2013) ha rilevato l'impatto di otto variabili macroeconomiche indipendenti: prezzo del petrolio, prezzo dell'oro, Cash Reserve Ratio, Call money rate, prezzo del dollaro, investimenti diretti esteri (IDE), investimenti di portafoglio esteri (FPI) e Foreign Exchange Reserve e la variabile dipendente Bombay Stock Exchange sensitive index (BSE), India. L'autore ha lavorato su dati mensili da gennaio 2009 a novembre 2011, determinando la correlazione, il test di KMO e Bartlett e l'analisi di regressione, che hanno permesso di stabilire una correlazione positiva tra la Borsa di Bombay (BSE) e la Foreign Exchange Reserve, il Cash Reserve Ratio, il prezzo dell'oro, il tasso di call money, l'investimento di portafoglio estero e il prezzo del petrolio, mentre il tasso di cambio (FR) e l'investimento diretto estero (FDI) sono correlati negativamente alla Borsa di Bombay (BSE). Anche il Sensex della Borsa di Bombay è significativo per i fattori che influenzano.

Ismail et al. (2014) studiano l'impatto sulla performance del mercato azionario di tre variabili indipendenti: i prezzi delle materie prime (prezzo dell'olio di palma, del petrolio e dell'oro), il tasso di interesse e il tasso di cambio e la variabile dipendente mercato azionario della Malesia. Lo studio, condotto su dati mensili da dicembre 1997 a settembre 2012, ha utilizzato la procedura dei test di radice unitaria di Augmented Dickey-Fuller (ADF), Phillips-Perron (PP) e Kwiatkowski Phillips Schmidt Shin (KPSS), ottenendo una relazione di cointegrazione tra queste variabili o un'influenza significativa del prezzo dell'olio di palma (POP) sull'indice del mercato azionario. Tuttavia, il prezzo del petrolio (OP) e il prezzo dell'oro (GP) non hanno avuto un'influenza significativa. Significative anche le influenze del tasso di interesse (IR) e del tasso di cambio (ER).

Ibrahim et al. (2011) hanno considerato un approccio settoriale con tre variabili indipendenti, ovvero il tasso di inflazione, il tasso di cambio e la capitalizzazione di mercato, e la variabile dipendente 20 settori della Borsa nigeriana (NSE), in Nigeria. I ricercatori hanno lavorato dal 2000 al 2004 su dati mensili di base di 60 titoli rimasti, classificati in 20 settori, e hanno utilizzato la tecnica della regressione per stabilire che i fattori macroeconomici non hanno un'influenza significativa sul mercato borsistico nigeriano (NSE), ma altri fattori macroeconomici influenzano il rendimento dei titoli in Nigeria. Un settore può essere influenzato positivamente in modo insignificante da uno o più fattori macroeconomici, ma altri settori possono influenzare negativamente in modo insignificante.

Patel (2012) ha analizzato gli effetti di otto variabili macroeconomiche indipendenti, ovvero il tasso di interesse, il tasso di inflazione, il tasso di cambio, l'indice di produzione industriale, l'offerta di moneta, il prezzo dell'oro, il prezzo dell'argento e il prezzo del petrolio e la variabile dipendente mercato azionario indiano, India. Il ricercatore ha lavorato su dati mensili da gennaio 1991 a dicembre 2011 e ha applicato il test delle radici unitarie di Augmented Dickey Fuller, il test di cointegrazione di Johansen, il test di causalità di Granger e il modello di correzione degli errori vettoriali.

(VECM) stabiliscono che esiste una relazione di equilibrio di lungo periodo tra gli indici del mercato azionario e tutte le variabili macroeconomiche come il tasso di interesse (IR), l'inflazione (INF), il tasso di cambio (ER), l'indice di produzione industriale (IIP), l'offerta di moneta (M2), il prezzo dell'oro (GP), il prezzo dell'argento (SP) e il prezzo del petrolio (OP) e una causalità che va dal tasso di cambio (ER) agli indici del mercato azionario all'indice di produzione industriale (IIP) e al prezzo del petrolio (OP).

Cheng et al. (2011) hanno analizzato l'impatto di eventi non macroeconomici su tre variabili indipendenti, ovvero la produzione industriale (IP), l'offerta di moneta (M2) e il tasso di cambio (EXR), e sulle variabili dipendenti, ovvero i rendimenti dei titoli elettronici di Taiwan. Lo studio ha utilizzato dati mensili da gennaio 1996 a dicembre 2009 e il metodo delle regressioni multiple ha rilevato che gli eventi non macroeconomici hanno un potere di previsione migliore rispetto alle variabili macroeconomiche. L'influenza degli eventi non macroeconomici, inoltre, ha avuto un impatto relativo sui rendimenti azionari elettronici di Taiwan (TES) diverso da quello delle variabili macroeconomiche.

Hsing (2013) ha discusso l'impatto delle implicazioni politiche e macroeconomiche di sette variabili indipendenti, ovvero produzione reale, deficit pubblico, tasso di interesse reale interno, tasso di cambio effettivo nominale, tasso di inflazione atteso, indice del mercato azionario mondiale e tasso di interesse mondiale e la variabile dipendente indice del mercato azionario slovacco, Slovacchia. Il ricercatore ha lavorato dal primo trimestre del 2000 al secondo trimestre del 2010 per stabilire con il modello EGAECH la relazione positiva (negativa) dell'indice del mercato azionario slovacco (SSM) con il tasso di cambio effettivo nominale (ER). Inoltre, il mercato azionario slovacco è influenzato dai mercati azionari statunitensi e/o tedeschi e dai tassi di interesse mondiali (IR).

Nisha (2015) ha analizzato l'impatto di sette variabili macroeconomiche indipendenti, ovvero l'indice di produzione industriale, l'indice dei prezzi al consumo, l'offerta di moneta, il tasso di interesse, il tasso di cambio, il prezzo dell'oro e l'indice dei prezzi mondiali, e la variabile dipendente Bombay Stock Exchange (BSE), India. Lo studioso ha lavorato dal gennaio 2000 al dicembre 2015 eseguendo test di radice unitaria di Augmented Dickey Fuller [ADF], Ng Perron [NP], test di cointegrazione di Johansen e regressione automatica vettoriale (VAR).

Nikolaos et al. (2010) hanno analizzato gli effetti dell'indice totale di mercato e dell'indice di sostenibilità in base a cinque variabili indipendenti, ovvero il prezzo del greggio, il tasso di cambio yen/dollaro statunitense, il valore delle obbligazioni a 10 anni e le variabili relative ai salari non agricoli sulle società che integrano le attività di RSI (DJSI Stati Uniti) e su tutti i titoli azionari statunitensi e la variabile dipendente mercato azionario degli Stati Uniti, Stati Uniti. Gli studiosi hanno lavorato su dati mensili da gennaio 2000 a gennaio 2008, implementando il test GARCH e il test Augmented Dickey Fuller (test di radice unitaria), ottenendo un effetto negativo dei rendimenti del greggio sui rendimenti azionari degli Stati Uniti e positivo del valore delle obbligazioni a 10 anni. È stata riscontrata una relazione negativa tra il mercato azionario degli Stati Uniti e il tasso di cambio (ER) (Yen / US $), mentre esiste una relazione tra la performance sociale delle imprese e gli indicatori occupazionali.

Jaiswal et al. (2014) hanno analizzato l'impatto di cinque variabili macroeconomiche indipendenti, ovvero il tasso di cambio (US $), il prezzo del greggio, gli investimenti istituzionali esteri, il saldo delle partite correnti e le riserve in valuta estera, e la variabile dipendente, gli indici settoriali della National Stock Exchange (NSE), in India. Gli autori hanno lavorato su dati mensili da aprile 2005 a marzo 2013.

Il modello di equazione di regressione multipla ha raggiunto la significatività delle forti influenze del Tasso di cambio (ER), del prezzo del greggio (OP), degli Investimenti Istituzionali Esteri

(FII) e la significatività parziale del Saldo delle partite correnti (CAB), tranne che per il CNX ENERGY, e l'impatto significativo delle Riserve in valuta estera (FER), tranne che per CNX AUTO, CNX FMCG e CNX IT.

Ismail et al. (2013) hanno analizzato l'impatto delle quattro variabili macroeconomiche indipendenti, ovvero il tasso d'interesse, la massa monetaria, la produzione interna e il tasso d'inflazione, sulle variabili dipendenti di Malesia, Indonesia, Tailandia, Singapore e Filippine (mercato azionario ASEAN). Gli studiosi, che hanno lavorato dal 2004 al 2009, hanno utilizzato una procedura di regressione che ha rilevato un forte impatto significativo del tasso d'inflazione (IR), della massa monetaria (M2) e del tasso d'interesse (IR) sui movimenti dei mercati azionari, mentre la produzione interna è risultata sorprendentemente insignificante. È stato inoltre riscontrato un impatto significativo e invariato nel tempo dell'effetto quantico del tempo sul movimento del mercato azionario.

Lina et al. (2013) hanno analizzato l'impatto delle quattro variabili macroeconomiche indipendenti, ovvero il tasso di inflazione, il tasso di cambio, l'offerta di moneta e il tasso di interesse, e delle variabili dipendenti, ovvero il rendimento delle azioni del settore bancario nella borsa di Shanghai e nella borsa di Shenzhen, in Cina. Gli autori hanno lavorato su dati mensili da settembre 2007 a giugno 2012 e hanno utilizzato la tecnica dei minimi quadrati generalizzati (GLS); le regressioni hanno stabilito un impatto positivo non significativo del tasso di inflazione (IR) e dell'offerta di moneta e un impatto positivo più significativo del tasso di cambio (ER). È stato riscontrato un impatto negativo significativo del tasso di interesse (IR) sul rendimento dei titoli del settore bancario in Cina.

Sireesha (2013) ha analizzato gli effetti di sei variabili indipendenti, ovvero il prezzo dell'oro e dell'argento, il tasso di inflazione, il Prodotto interno lordo (PIL), l'Indice di produzione industriale (IIP) e l'offerta di moneta, e della variabile dipendente Mercato azionario indiano, India. Lo studio ha analizzato i dati mensili da gennaio 1993 a dicembre 2012, applicando il metodo della regressione stepwise. Si è concluso che il tasso d'inflazione (IR), il Prodotto interno lordo (PIL), l'indice USD-INR e JPY-INR e i rendimenti dell'oro hanno un impatto significativo e anche l'offerta di moneta è stata influenzata in modo significativo.

Abdul-Nafea et al. (2014) hanno esaminato la relazione tra sei variabili macroeconomiche indipendenti, ovvero l'offerta di moneta reale (M2), il prodotto interno lordo reale (RGDP), i tassi di interesse medi ponderati su prestiti e anticipazioni (WAIR), le rimesse dei lavoratori giordani (WRMIT), il prestito pubblico interno (IPL) e l'indice del prezzo al consumo (CPI) e la variabile dipendente Amman Stock Market Exchange (ASE), Giordania. I ricercatori hanno lavorato su dati trimestrali da marzo 1993 a settembre 2013 e hanno utilizzato il metodo Augmented Dickey Fuller, i modelli ARCH / GARCH, ottenendo una forte influenza significativa sui rendimenti azionari da parte dell'indice del prezzo al consumo (CPI), dei tassi di interesse medi ponderati sui prestiti (IR), del prestito pubblico interno (IPL), dell'offerta di moneta (M2) e delle anticipazioni e delle rimesse dei lavoratori giordani, mentre nessuna influenza significativa sui rendimenti azionari è stata esercitata dal prodotto interno lordo reale (PIL) in Giordania.

Haroon et al. (2013) hanno rilevato l'impatto di sei variabili macroeconomiche indipendenti, ovvero il tasso dei buoni del Tesoro a 3, 6 e 12 mesi (proxy del tasso di interesse), l'indice dei prezzi al consumo, l'indice dei prezzi all'ingrosso e l'indice dei prezzi sensibili (proxy dell'inflazione) e la variabile dipendente, la Borsa di Karachi, in Pakistan. I ricercatori hanno lavorato su dati mensili da luglio 2001 a giugno 2010 e, attraverso il coefficiente di correlazione e l'analisi di regressione, hanno rilevato una correlazione negativa tra l'indice dei prezzi al consumo (CPI), l'indice dei prezzi sensibili (SPI) e l'indice dei prezzi ponderati (WPI) e la borsa di Karachi (KSE). Un'elevata correlazione negativa dei buoni del Tesoro a 3 mesi, 6 mesi e 12 mesi con la Borsa di Karachi (KSE). È stato inoltre riscontrato un risultato di regressione positivo tra l'indice dei prezzi al consumo (CPI), l'indice dei prezzi sensibili (SPI) e l'indice dei prezzi ponderati (WPI), i buoni del Tesoro a 3 mesi, 6 mesi e 12 mesi e la Borsa di Karachi (KSE).

Ali et al. (2010) hanno considerato l'impatto post liberalizzazione di cinque variabili macroeconomiche indipendenti, ovvero il tasso di inflazione, il tasso di interesse, il tasso di cambio, il reddito pro capite e gli indicatori di stabilità politica, e la variabile dipendente Borsa di Karachi, Pakistan. I ricercatori hanno lavorato su dati mensili dal febbraio 1991 al dicembre 1998 e hanno utilizzato la procedura dell'Exponential Generalized Auto Regressive Conditional Heteroskedasticity (EGARCH), riscontrando un effetto negativo sulla Borsa di Karachi (KSE) da parte del tasso d'inflazione (INF), dei tassi d'interesse (IR) e del tasso di cambio (ER); inoltre, l'aumento delle condizioni democratiche e la competizione politica migliorano i rendimenti azionari della Borsa di Karachi (KSE) in Pakistan.

Ahmad et al. (2011) studiano la deregolamentazione del mercato azionario e le quattro variabili macroeconomiche indipendenti, ovvero i tassi di cambio, i tassi di interesse, i prezzi del petrolio e la liquidità del mercato e la variabile dipendente Malesia, Thailandia e Indonesia. Gli autori hanno lavorato dal gennaio 1997 al dicembre 2009 applicando analisi di regressione univariata e multivariata per stabilire che, in primo luogo, nel 1997 e in seguito, le politiche di deregolamentazione del mercato azionario non sono state significativamente efficaci nel migliorare le performance dei mercati azionari dei Paesi liberalizzatori: Malesia, Thailandia e

Indonesia; in secondo luogo, l'impatto significativo delle variabili macroeconomiche sulle performance dei mercati azionari dei Paesi liberalizzatori in alcuni di questi eventi.

Hamid et al. (2015) verificano la relazione tra quattro variabili macroeconomiche indipendenti, ovvero il Prodotto Interno Lordo (PIL), il prezzo del petrolio, la liquidità e il tasso di cambio e la variabile dipendente Borsa di Teheran (TSE), Iran. Lo studio ha elaborato dati stagionali dal 2001 al 2014, utilizzando la tecnica della regressione automatica vettoriale (VAR) e il test di causalità di Granger, concludendo che l'effetto più a lungo termine sull'indice dei prezzi delle azioni è dato dal tasso di cambio non ufficiale (ER) e diminuisce l'effetto delle altre variabili con effetto temporale.

Yu (2011) ha rilevato l'impatto delle quattro variabili macroeconomiche indipendenti, ovvero il prestito pubblico, l'offerta di moneta, i tassi di interesse e i tassi di cambio e la variabile dipendente Borsa di Praga (PSE), Repubblica Ceca. Il ricercatore ha lavorato su dati trimestrali campione dal primo trimestre 2002 al secondo trimestre 2010, utilizzando il metodo del modello GARCH, ottenendo un risultato positivamente associato al Prodotto Interno Lordo (PIL) reale e agli indici dei mercati azionari degli Stati Uniti e della Germania. Gli indici dei mercati azionari di Germania e Stati Uniti nell'indice del mercato azionario ceco e il rapporto tra prestiti pubblici e PIL (B/PIL), il tasso di cambio CZK/USD (ER), il tasso d'interesse reale nazionale (IR), il tasso d'inflazione atteso (INF) e il rendimento dei titoli di Stato dell'area dell'euro (GBY) e presenta una relazione quadratica con il rapporto tra offerta di moneta (M2) e prodotto interno lordo (PIL) sono stati influenzati negativamente.

Saeed et al. (2012) verificano la relazione tra le cinque variabili macroeconomiche indipendenti, ovvero i tassi di cambio, il prezzo dell'oro mondiale, il tasso di inflazione, la liquidità e il prezzo del petrolio, e la variabile dipendente Borsa di Teheran (TSE), Iran. Gli studiosi hanno lavorato su dati mensili dal 2001 al 2011 eseguiti da

Il modello GARCH ha ottenuto un'influenza sul rendimento azionario da parte delle variabili prezzo dell'oro (GP), tasso d'inflazione (IR) e tasso di cambio (ER), mentre non ha avuto alcun impatto sul rendimento azionario il prezzo del petrolio (OP) e la liquidità.

Ebrahim et al. (2013) hanno analizzato l'impatto delle leggi fiscali e delle tre variabili macroeconomiche indipendenti, ovvero il tasso di inflazione, il tasso di cambio e il tasso di crescita della liquidità, sulla variabile dipendente Borsa di Teheran (TSE), Iran. Gli studiosi hanno analizzato i dati trimestrali dal 1998 al 2012 e hanno implementato il test del rout unito, il test di Granger Causality e il test di eteroskedasticità, trovando un effetto positivo sul tasso di rendimento azionario da parte del tasso di inflazione (IR), un effetto negativo sul tasso di rendimento azionario da parte del tasso di cambio (ER), nell'anno 2000, e nessun effetto sul tasso di rendimento azionario da parte del tasso di crescita della liquidità e delle leggi fiscali. Sultan et al. (2014) hanno rilevato l'impatto delle tre variabili macroeconomiche indipendenti, ovvero il petrolio WTI, le esportazioni saudite e il rapporto prezzo/utili (P/E), e della variabile dipendente Borsa saudita (TASI), Arabia Saudita. Gli autori hanno lavorato dal dicembre 2003 al dicembre 2013 determinando il metodo della correlazione e l'analisi di regressione per stabilire un'elevata correlazione con la borsa saudita, le esportazioni dell'Arabia Saudita e il rapporto P/E. E il mercato azionario è significativamente correlato al petrolio WTI.

Mohsen (2006) ha verificato la relazione tra le tre variabili macroeconomiche indipendenti, ossia l'offerta di moneta, il valore della bilancia commerciale e la produzione industriale, e la variabile dipendente Borsa di Teheran (TSE), Iran. Lo studio ha analizzato i dati trimestrali di undici anni, dal primo mese del 1372 al quarto mese del 1383 (calendario persiano) e ha utilizzato la procedura del test di non causalità di Granger, rilevando che le variabili macroeconomiche hanno una causalità unidirezionale di lungo periodo con il mercato azionario e che, almeno per quanto riguarda le tre variabili macroeconomiche, ossia la bilancia commerciale (TB), la produzione industriale (IP) e l'offerta di moneta (M2), il mercato azionario iraniano non ha un'efficienza informativa.

Hamzah et al. (2004) hanno rilevato la relazione tra le cinque variabili macroeconomiche indipendenti, ovvero il tasso d'interesse, il tasso d'inflazione, il tasso di cambio, la produzione industriale e l'offerta di moneta (M2), e le variabili dipendenti, ovvero gli indici settoriali All-S dell'indice del mercato azionario di Singapore (STI). I ricercatori hanno lavorato su serie temporali mensili utilizzando la tecnica Unit Root Tests e il Vector Error Correction Model (VECM) di Johansen per stabilire che l'indice di proprietà (PI) forma una relazione di cointegrazione con le variazioni a breve e lungo termine dei tassi di interesse (IR), dell'offerta di moneta (M2), del livello dei prezzi (PL), del tasso di cambio (ER) e della produzione industriale (IP) nell'indice del mercato azionario di Singapore (STI).

Abdullah et al. (2007) hanno rilevato l'impatto di quattro variabili macroeconomiche indipendenti, ovvero il tasso di interesse, l'offerta di moneta, il tasso di inflazione e la spesa pubblica, e della variabile dipendente Borsa del Kuwait, Kuwait. I ricercatori hanno lavorato su dati mensili dal 1995 al 2005 e hanno applicato la tecnica della regressione automatica vettoriale, concludendo che il tasso di interesse (IR) e il tasso di inflazione (IR) hanno un effetto negativo e a lungo termine, mentre l'offerta di moneta (M2) e la spesa pubblica (GE), ad eccezione del settore assicurativo, hanno un effetto positivo e a lungo termine.

Asma et al. (2013) hanno analizzato l'impatto di quattro variabili macroeconomiche indipendenti, ovvero il Prodotto interno lordo (PIL) pro capite, il risparmio interno lordo, il tasso di inflazione e il tasso di sconto, e la variabile dipendente Borsa di Karachi, Pakistan. Gli autori hanno lavorato dal 1991 al 2010 e hanno utilizzato un modello di regressione multipla per ottenere un impatto significativo e positivo sulla Borsa di Karachi.

L'indice di borsa di Karachi è stato influenzato dal PIL per capitale e dal risparmio interno lordo. D'altro canto, un impatto significativo ma negativo sull'indice della Borsa di Karachi è stato determinato dal tasso di sconto (IR) e dal tasso di inflazione (IR) misurato dall'indice dei prezzi al consumo.

Leela et al. (2014) hanno esaminato l'impatto di tre variabili macroeconomiche indipendenti, ovvero il tasso di cambio, l'indice di produzione industriale e il prodotto interno lordo, e della variabile dipendente mercato azionario indiano, India. Lo studio ha analizzato i dati trimestrali da gennaio 2004 a dicembre 2013 mediante un modello di equazione di regressione multipla e ANOVA, ottenendo un forte impatto sull'indice azionario CNXNIFTY da parte del prodotto interno lordo (PIL) e del tasso di cambio (ER). È stata riscontrata una relazione significativa tra il prezzo delle azioni e le variabili indipendenti, ad eccezione dell'indice di produzione industriale (IIP). D'altra parte, il prezzo delle azioni e l'indice di produzione industriale presentano una correlazione negativa.

Ahmed et al. (2007) hanno studiato l'impatto di cinque variabili macroeconomiche indipendenti, ovvero l'offerta di moneta a larga scala, il tasso dei buoni del Tesoro, il tasso d'interesse, il prodotto interno lordo (PIL) e l'indice di produzione industriale e la variabile dipendente Borsa di Dhaka (DSE), Bangladesh. Il ricercatore ha lavorato su dati mensili dal luglio 1997 al giugno 2005, eseguendo il test delle radici unitarie, il metodo di cointegrazione di Johansen e i modelli di correzione dell'errore vettoriale (VECM) e il test di causalità di Granger, rilevando che non esiste una relazione di lungo periodo tra l'indice del mercato azionario e le variabili macroeconomiche, come ad esempio la variazione del tasso di interesse (IR) e/o del tasso di crescita dei buoni del tesoro, che può avere un'influenza sul rendimento del mercato azionario, e che non è stata rilevata alcuna cointegrazione tra la crescita del rendimento del mercato azionario e i fattori macroeconomici fondamentali.

Hassan et al. (2014) hanno rilevato l'impatto di nove variabili macroeconomiche indipendenti, ovvero Importazione di merci, Tasso d'inflazione (CPI), Indice dell'industria, Bilancia commerciale, Indice del tasso di cambio, Indice del greggio, Esportazione di merci, Livello di moneta corrente e Prezzo del dollaro e la variabile dipendente Borsa di Karachi, Pakistan. Gli studiosi hanno lavorato su dati mensili da luglio 1997 a luglio 2013. La correlazione di Pearson, l'analisi di regressione e l'ANOVA hanno stabilito che il tasso di cambio (ER) e la bilancia commerciale (TB) hanno un effetto negativo sulla Borsa di Karachi, mentre l'indice industriale (II) e l'indice dei prezzi al consumo (CPI) hanno un effetto positivo, al contrario dell'importazione di merci, dell'indice del petrolio greggio (OP), dell'esportazione di merci (E), del livello di moneta corrente (M3) e del prezzo del dollaro (ER).

Al-Sharkas et al. (2010) hanno preso in considerazione uno studio sull'effetto dimensionale e sulle tre variabili macroeconomiche indipendenti, ovvero i tassi di interesse reali, il tasso di crescita della produzione industriale e il tasso di inflazione, e sulla variabile dipendente Borsa di New York (NYSE), Stati Uniti. Lo studio ha analizzato i dati trimestrali dal gennaio 1964 al febbraio 2010, determinando la funzione di risposta generalizzata agli impulsi (GIRF), i test di causalità di Granger, il modello di correzione dell'errore vettoriale e la cointegrazione, rilevando che i rendimenti della Borsa di New York (NYSE) sono influenzati da un fattore dimensionale, mentre i rendimenti degli asset (AR) e il tasso di inflazione hanno una relazione negativa con i rendimenti azionari.

Kuwornu (2012) ha studiato l'effetto delle quattro variabili macroeconomiche del mercato azionario, ovvero l'indice dei prezzi al consumo (come proxy dell'inflazione), il prezzo del greggio, il tasso di cambio e il tasso dei buoni del Tesoro a 91 giorni (come proxy del tasso di interesse) e la variabile dipendente del mercato azionario ghanese. Il ricercatore ha lavorato su dati mensili da gennaio 1992 a dicembre 2008 e ha utilizzato la procedura di cointegrazione multivariata di Johansen per stabilire l'esistenza di una cointegrazione tra le quattro variabili macroeconomiche, quali l'indice dei prezzi al consumo (CPI), il prezzo del petrolio greggio e il tasso di cambio.

(OP), il tasso di cambio (ER) e il tasso dei buoni del Tesoro a 91 giorni (T-bills) e i rendimenti azionari in Ghana. Nel breve termine, il tasso dei buoni del Tesoro (T-bills) e il tasso d'inflazione (IR) hanno un'influenza significativa sui rendimenti azionari. Nel lungo termine, il tasso di cambio (ER), il prezzo del greggio (OP), il tasso di inflazione (IR) e il tasso dei buoni del Tesoro (T-bills) sono significativamente influenzati dai rendimenti azionari, mentre esiste solo una relazione negativa tra i rendimenti azionari e il prezzo del greggio (OP).

Hsing (2011) ha analizzato l'impatto di quattro variabili macroeconomiche indipendenti, ovvero il deficit pubblico, l'offerta di moneta, i tassi di interesse e i tassi di cambio e la variabile dipendente del mercato azionario bulgaro, in Bulgaria. Il ricercatore ha lavorato su dati trimestrali dal quarto trimestre del 2000 al terzo trimestre del 2010 e ha utilizzato la tecnica del modello

GARCH, concludendo che il coefficiente positivo è significativo per il tasso di cambio (ER), ma non è significativo per il rapporto tra il deficit pubblico e il Prodotto interno lordo e, al livello del 10%, non è significativo per il rapporto tra l'offerta di moneta (M2) e il Prodotto interno lordo e il rendimento dei titoli di Stato dell'area dell'euro.

Yessengali et al. (2011) hanno analizzato l'impatto di sette variabili macroeconomiche indipendenti, ovvero l'indice di produzione industriale (IIP) come proxy del reddito pro capite, il tasso di cambio della valuta nazionale in termini di dollaro statunitense (ER), l'offerta di moneta (M2), il volume degli scambi nella borsa kazaka (VT), i prestiti bancari a lungo termine (LR), i prestiti bancari a breve termine (SR) e l'indice dei prezzi al consumo (CPI) e la variabile dipendente borsa kazaka (KASE), Kazakistan. Gli autori hanno lavorato su dati mensili da gennaio 2001 ad agosto 2009 e hanno utilizzato la tecnica del bound test autoregressivo distribuito (ARDL), il test Augmented Dickey-Fuller (ADF) e il test Phillips-Perron (PP). Utilizzando il test di causalità di Granger e la procedura di Engel-Granger, è emersa una relazione a breve termine tra l'indice della borsa del Kazakistan (KASE) e i prestiti bancari a breve termine. L'esistenza di una relazione a lungo termine tra l'indice della Borsa del Kazakistan (KASE) e le variabili macroeconomiche ha evidenziato l'inefficienza informativa della Borsa del Kazakistan.

Farah et al. (2014) hanno esaminato la relazione tra cinque variabili macroeconomiche indipendenti, ovvero il tasso di interesse, il tasso di cambio, l'indice dei prezzi al consumo, le importazioni e le esportazioni, e la variabile dipendente, la Borsa di Karachi, in Pakistan. Gli autori hanno lavorato su dati annuali dal 1992 al 2010 e hanno utilizzato il metodo del test di Augmented Dickey-Fuller, l'analisi di regressione e il test di causalità di Granger, ottenendo che non è stata trovata alcuna relazione tra la Borsa di Karachi e il tasso di cambio (ER), l'indice dei prezzi al consumo (CPI), il tasso di interesse (IR) e le esportazioni nazionali (E). Il test di causalità di Granger ha evidenziato una relazione bidirezionale tra la Borsa di Karachi e il tasso di interesse (IR). Le importazioni nazionali (I) e il tasso di cambio (ER) hanno una relazione unidirezionale con la Borsa di Karachi. L'indice dei prezzi al consumo (CPI), le esportazioni nazionali (E) e la Borsa di Karachi non hanno una relazione causale.

Srinivasan et al. (2014) studiano l'effetto delle tre variabili macroeconomiche del mercato azionario, ovvero il tasso di cambio, il tasso di interesse e il tasso di inflazione, e della variabile dipendente CNX bank returns, in India. Lo studio si è basato su serie storiche mensili da gennaio 2004 a dicembre 2013 e ha utilizzato il test di Augmented DickeyFuller (ADF), la regressione, il test di cointegrazione e il test di causalità di Granger, rilevando che i rendimenti dei titoli bancari CNX hanno una relazione fissa di lungo periodo con una significatività, che si riflette positivamente sui rendimenti dei titoli bancari CNX da parte del tasso di interesse (IR) e del tasso di cambio (ER), mentre i rendimenti dei titoli bancari CNC e il tasso di interesse (IR) non hanno un legame causale. Esiste un effetto causale unidirezionale sui titoli bancari da parte del tasso di cambio (ER), del CNX Bankex e del tasso di inflazione (IR).

Kumar (2013) ha analizzato l'impatto di dodici variabili macroeconomiche indipendenti: offerta di moneta, indice dei prezzi al consumo, prezzo dell'oro, prezzo del greggio, riserve valutarie, investimenti diretti esteri, investimenti istituzionali esteri, tasso di call money, bilancia commerciale, tasso di cambio, tasso di pronti contro termine e tasso di crescita industriale e la variabile dipendente, l'indice CNX Nifty (mercato azionario indiano), India. Il ricercatore ha lavorato su dati medi mensili da gennaio 2001 a maggio 2013 e ha utilizzato la tecnica dell'analisi dei fattori per stabilire una correlazione negativa tra la bilancia commerciale (BT) e tutte le altre variabili e per spiegare la variazione di tre fattori tra le 12 variabili, la performance industriale (IP) in termini di modello di crescita è altamente influenzata passivamente dalla performance del rendimento del mercato azionario.

Shamsuddin et al. (2012) hanno esaminato la relazione tra le cinque variabili macroeconomiche indipendenti, ovvero l'indice di produzione industriale, l'inflazione (indice dei prezzi al consumo), l'offerta di moneta (M2), il tasso di cambio (ER) e il tasso di interesse a breve termine, e la variabile dipendente, la borsa valori della Malesia. I ricercatori hanno lavorato su dati mensili da gennaio 2000 a giugno 2012 e hanno applicato l'analisi di regressione, i modelli GARCH (1,1), i test di causalità di Granger VAR bi-variati e multivariati, concludendo che delle cinque variabili macroeconomiche, solo la volatilità dei tassi di interesse (IR) esiste nella volatilità del mercato azionario causata da Granger, la volatilità dell'offerta di moneta (M2) è correlata alla volatilità del mercato azionario e la debole relazione riscontrata tra la volatilità del mercato azionario e le volatilità macroeconomiche può essere dovuta alla mancanza di investitori istituzionali nel mercato azionario malese e all'esistenza di un problema di asimmetria informativa tra gli investitori.

Sarma et al. (2013) hanno analizzato l'impatto di otto variabili macroeconomiche indipendenti, ovvero il prezzo dell'oro, il tasso di inflazione (indice dei prezzi al consumo), l'indice dei prezzi ponderati (WPI), l'offerta di moneta (L2), il deficit fiscale del governo centrale, le riserve Forex, il REER e il prezzo del petrolio, e la variabile dipendente Bombay Stock Exchange (BSE), India. Lo studio ha utilizzato dati dal gennaio 2004 all'ottobre 2010 e ha ottenuto un impatto significativo sulla volatilità del mercato azionario dall'indice dei prezzi ponderati (WPI), dall'offerta di moneta (M2) nell'economia, dal prezzo del petrolio (OP), dal prezzo dell'oro (GP), dal deficit fiscale del governo e dalle riserve valutarie.

Nassir et al. (2013) hanno analizzato l'impatto delle quattro variabili macroeconomiche indipendenti, ovvero il prezzo del petrolio greggio (OP), il prezzo dell'oro mondiale (GP), l'indice dei prezzi al consumo (CPI) e il totale del petrolio fornito dall'Iran e la variabile dipendente Borsa di Teheran (TSE), Iran. I ricercatori hanno lavorato su dati mensili da gennaio 2006 a dicembre 2012 eseguendo il test di multicollinearità, il test di eteroscedasticità, il test di normalità, il test di radice unitaria, la cointegrazione di Johansen e la causalità di Granger, ottenendo una correlazione positiva tra i rendimenti azionari e il prezzo dell'oro (GP) e il prezzo del petrolio (OP), mentre una relazione negativa tra l'indice azionario e il petrolio totale fornito e l'indice dei prezzi al consumo (CPI), e un impatto insignificante dell'indice dei prezzi al consumo (CPI) sull'indice azionario. Nel breve periodo, la relazione tra il prezzo dell'oro (GP) e l'indice dei prezzi al consumo (CPI) e la Borsa di Teheran (TSE) è significativa al 10%. A un livello di significatività del 5%, il prezzo del petrolio (OP) è significativo e nel breve periodo non si riscontra alcuna relazione significativa tra il petrolio fornito e i rendimenti della Borsa di Teheran (TSE).

Frimpong et al. (2013) studiano l'effetto delle quattro variabili macroeconomiche del mercato azionario, ovvero il tasso di cambio, il tasso d'inflazione, il tasso d'interesse e l'offerta di moneta (M2), e la variabile dipendente Borsa del Ghana (GSE), Ghana. Gli studiosi, che hanno lavorato su dati mensili dal novembre 1990 all'agosto 2009, hanno applicato la tecnica della regressione, il VAR e il test di causalità di Granger e hanno riscontrato che i prezzi delle azioni sono stati significativamente influenzati dai fondamentali macroeconomici e dagli shock del prezzo del petrolio (OP), anche se in modo debole durante il periodo di ricerca.

Kennedy et al. (2011) hanno analizzato gli effetti delle tre variabili macroeconomiche indipendenti, ovvero il tasso di cambio, il tasso di interesse e il tasso di inflazione, e della variabile dipendente Nairobi Securities Exchange, Kenya. Lo studio, condotto su serie storiche mensili da gennaio 2001 a dicembre 2010, ha determinato l'Exponential Generalized Autoregressive Conditional Heteroscedasticity (EGARCH) e la Threshold Generalized Conditional Heteroscedasticity (TGARCH), concludendo che la volatilità dei rendimenti azionari del Nairobi Securities Exchange è leptocurtica e simmetrica ma non normalmente distribuita. La volatilità dei rendimenti azionari è influenzata dal tasso di interesse, dal tasso di cambio e dal tasso di inflazione (CPI). L'impatto del tasso di cambio sui rendimenti azionari è basso, anche se significativo, e il breve periodo di tempo per spegnersi in seguito a una crisi, indipendentemente da ciò che accade al mercato, implica che l'effetto degli shock si manifesta nel mercato azionario, e che la volatilità aumenta di più in caso di forte calo dei prezzi che in caso di aumento dei prezzi della stessa entità nel mercato azionario keniota.

Raza et al. (2012) hanno analizzato l'impatto delle due variabili macroeconomiche indipendenti, ovvero il tasso di interesse e il tasso di inflazione, e della variabile dipendente, la Borsa di Karachi, in Pakistan. I ricercatori hanno lavorato su dati giornalieri per il terrorismo e su dati mensili da luglio 2005 a giugno 2010, utilizzando procedure di radice unitaria come il test Augmented Dickey Fuller, Phillip Perron, la cointegrazione di Johansen, il test di causalità di Granger, ARCH, GARCH e GARCH-EVT per ottenere la cointegrazione tra i fattori macroeconomici e i rendimenti della Borsa di Karachi, dimostrando che il più grande mercato azionario del Pakistan ha una relazione negativa con il terrorismo e una relazione causale con il tasso di interesse (IR). Mentre l'inflazione non ha alcuna relazione con i rendimenti della Borsa. Lo studio ha esplorato la cointegrazione e ha rilevato una relazione di lungo periodo tra tutte le variabili.

Makakabule et al. (2010) hanno esaminato le cinque variabili macroeconomiche indipendenti, ovvero il rendimento dell'indice All Share (ALSI), il dividend yield (DY) dell'ALSI, il tasso di cambio dollaro/R$ (RAND), l'indice FTSE (FTSE) e l'indice S&P 500 (SP500) e la variabile dipendente mercato azionario sudafricano, Sudafrica. I ricercatori hanno lavorato su dati settimanali da maggio 1988 a dicembre 2006 e hanno utilizzato la tecnica del modello Smooth Transition Regression (STR) per ottenere solo le variazioni del dividend yield, un fattore importante per determinare il comportamento asimmetrico dei rendimenti azionari sul mercato azionario sudafricano.

Bayezid (2011) ha studiato l'effetto delle cinque variabili macroeconomiche del mercato azionario, ovvero il tasso di inflazione, l'indice di produzione industriale e le rimesse estere, il prezzo di mercato/guadagno (MKTPE) e la crescita media mensile della capitalizzazione di mercato (PAGMCAP) e la variabile dipendente Dhaka Stock Exchange, Bangladesh. L'autore ha lavorato su dati mensili da luglio 2002 a dicembre 2009 applicando il modello di regressione multivariata, il test di radice unitaria Augmented Dickey-Fuller (ADF), il test di Phillips-Perron (PP) e il test di causalità di Granger, trovando un'influenza negativa sui rendimenti azionari da parte delle rimesse estere (FR) e del tasso di inflazione (IR) e un'influenza positiva sui rendimenti azionari da parte del rapporto P/E del mercato, dell'indice di produzione industriale (IP) e della crescita media mensile della capitalizzazione di mercato.

Zhang et al. (2006) hanno analizzato gli effetti delle sette variabili macroeconomiche nazionali indipendenti, ovvero il tasso di inflazione (CPI), il tasso di cambio (EX), il prodotto interno lordo (PIL), l'offerta di moneta (M1), il tasso di interesse a lungo termine (LR), il tasso di interesse a breve termine (SR) e il prezzo del petrolio al dettaglio nazionale (ROIL) e la variabile dipendente New Zealand Stock Index, Nuova Zelanda. Gli autori hanno lavorato su dati mensili dal gennaio 1990 al gennaio 2003 e hanno utilizzato test di cointegrazione, test di massima verosimiglianza di Johansen e test di causalità di Granger per stabilire che il rendimento azionario è determinato in modo coerente dall'offerta di moneta (M1), dal tasso di interesse (IR) e dal prodotto interno lordo reale. Non sono state riscontrate prove che l'indice azionario neozelandese sia un indicatore anticipatore delle variazioni delle variabili macroeconomiche. Un impatto negativo sull'NZSE40 da parte del tasso di inflazione (CPI), l'NZSE40 non è un indicatore anticipatore da test di Granger-causalità in Nuova Zelanda, anche il tasso di cambio (ER), il tasso di inflazione (CPI), il tasso di interesse a lungo termine (LR) e il Prodotto Interno Lordo (PIL) hanno un impatto sullo shock dell'NZSE40.

Rasiah (2010) ha analizzato l'attività macroeconomica attraverso quattro variabili indipendenti, ovvero la produzione industriale, l'indice dei prezzi al consumo, l'offerta di moneta (M1) e i tassi di cambio reali, e la variabile dipendente, il mercato azionario della Malesia. Lo studio, condotto su dati mensili da gennaio 1980 a dicembre 2006, è stato eseguito con i test Augmented Dickey-Fuller (ADF), Phillips-Perron (PP), il test di cointegrazione multivariata e il modello di correzione dell'errore vettoriale (VECM), concludendo che i rendimenti azionari hanno una relazione positiva con l'offerta di moneta (M1), tasso di inflazione (CPI) e produzione industriale (IP) e il tasso di cambio reale (ER), dimostrando l'influenza dominante dell'indice dei prezzi al consumo (CPI), dell'offerta di moneta (M1) e del tasso di cambio reale (ER) sulla varianza dei prezzi delle azioni malesi. È stata inoltre riscontrata un'evidenza di fluttuazioni generatrici del ruolo dominante degli shock monetari da parte dell'inflazione (CPI). D'altro canto, un impatto significativo degli shock sul mercato azionario sulla varianza dell'errore di previsione è stato riscontrato dall'offerta di moneta (M1) e dal tasso di cambio reale (ER) in Malesia.

Thanjavur et al. (2015) hanno analizzato l'impatto di sei variabili macroeconomiche indipendenti, ovvero il tasso di interesse, il tasso di inflazione (WPI), il tasso di cambio, la crescita del prodotto interno lordo reale, la produzione industriale e l'offerta di moneta (M3) e la variabile dipendente, l'indice BSE (SENSEX), in India. Gli autori hanno lavorato su dati trimestrali da dicembre 2005 a giugno 2012, eseguendo la correlazione di Pearson, l'analisi di regressione e l'ANOVA, ottenendo che la crescita del prodotto interno lordo reale, il tasso di inflazione (WPI) e la produzione industriale (IP) hanno una relazione significativa con il rendimento azionario, mentre il tasso di interesse (IR), il tasso di cambio (ER) e l'offerta di moneta (M3) hanno una relazione non significativa con il rendimento azionario. Il tasso di cambio (ER) e il tasso di inflazione

(WPI) hanno un impatto significativo sulla BSE, mentre la produzione industriale (IP), la crescita del prodotto interno lordo reale e l'offerta di moneta (M3) hanno un impatto insignificante sulla Borsa di Bombay (BSE), in India.

James, et al. (2013) hanno esaminato la relazione tra le tre variabili macroeconomiche indipendenti, ovvero gli investimenti diretti esteri, il debito estero e l'offerta di moneta, e le variabili dipendenti di sette importanti mercati azionari africani (Botswana, Egitto, Ghana, Kenya, Marocco, Nigeria e Sudafrica). Lo studio, che ha lavorato dal 1988 al 2011, ha implementato il Panel Unit Root Test, l'Im & Pesaran and Shin Test (IPS Test), l'Hadri Panel Stationarity Test, il Pedroni Panel Co-integration Test e il Westerlund Panel Co-integration Test, ottenendo nel lungo periodo un impatto positivo sui mercati azionari africani da parte degli Investimenti Diretti Esteri e del Debito Esterno (D), mentre l'offerta di moneta ha un impatto negativo sui mercati azionari africani.

Zhu (2012) ha studiato i fattori economici di nove variabili indipendenti: tasso d'inflazione, offerta di moneta (M2), tasso di cambio, produzione industriale, obbligazioni, esportazioni, importazioni, riserve estere e tasso di disoccupazione e la variabile dipendente (o le variabili dipendenti) Settore energetico del mercato azionario di Shanghai (SEE), Cina. Il ricercatore ha elaborato i dati da gennaio 2005 a dicembre 2011 e ha determinato la regressione e l'Augmented Dickey-Fuller, trovando che il rendimento azionario del settore energetico nel mercato azionario di Shanghai è influenzato dalle esportazioni (E), dalla riserva estera (FR), dal tasso di cambio (ER) e dal tasso di disoccupazione.

Unal et al. (2008) hanno esaminato la relazione tra le quattro variabili macroeconomiche indipendenti, ovvero il Prodotto Interno Lordo (PIL), il tasso di cambio, il tasso di interesse e il saldo delle partite correnti, e la variabile dipendente Borsa di Istanbul (ISE), Turchia. Gli studiosi hanno lavorato su dati trimestrali dall'ultimo trimestre del 1991 all'ultimo trimestre del 2006 e hanno utilizzato le procedure del test di radice unitaria, del test di cointegrazione di Johansen, del VECM e del test di causalità di Granger per stabilire l'esistenza di una relazione unidirezionale tra gli indicatori macroeconomici e la Borsa di Istanbul (ISE), nonché l'effetto del Prodotto interno lordo (PIL), del tasso di cambio (ER) e del saldo delle partite correnti (CAB) (positivo / negativo) sull'ISE. E l'effetto dei tassi di interesse (IR) sulle variazioni dell'indice del mercato azionario.

Lekobane et al. (2014) hanno esaminato l'influenza di dieci variabili macroeconomiche indipendenti, ovvero il Prodotto Interno Lordo (PIL), i tassi di interesse a lungo e a breve termine, l'offerta di moneta, le riserve estere, l'inflazione, l'indice dei prezzi dei diamanti, il tasso di cambio, l'indice dei prezzi delle azioni statunitensi e il rendimento dei titoli di Stato degli Stati Uniti a 10 anni, e la variabile dipendente del mercato azionario del Botswana. Lo studio si è basato su dati trimestrali dal primo trimestre 1998 al quarto trimestre 2012, utilizzando la tecnica Augmented Dickey-Fuller (ADF) e i test Phillips-Perron (PP) e l'analisi di cointegrazione ha rilevato nel lungo periodo una relazione positiva tra il prezzo del mercato azionario e il prodotto interno lordo reale (PIL), il tasso di inflazione (IPC), i tassi di interesse a breve termine (IR) e l'indice dei prezzi dei diamanti (DPI). Tuttavia, nel lungo periodo si è riscontrata una relazione negativa tra le riserve estere (FR), il tasso di interesse reale (IR), l'offerta di moneta (M3), il tasso di cambio, l'indice dei prezzi delle azioni degli Stati Uniti e il rendimento dei titoli di Stato degli Stati Uniti.

Osamwonyi et al. (2012) hanno rilevato l'impatto di sette variabili macroeconomiche indipendenti, ovvero il tasso di interesse (IR), il tasso di inflazione (INF), il tasso di cambio (ER), il prodotto interno lordo nominale (PIL), il deficit fiscale, l'offerta di moneta (M2) e l'IPC e la variabile dipendente mercato dei capitali nigeriano, Nigeria. I ricercatori hanno lavorato su dati annuali dal 1975 al 2005 e hanno applicato il modello di correzione dell'errore vettoriale (VECM) per stabilire un impatto significativo sulla crescita del mercato dei capitali da parte dell'offerta di moneta (M2), del tasso di cambio (ER), del tasso di inflazione (CPI) e del prodotto interno lordo (PIL). Tutte le variabili macroeconomiche influenzano l'indice del mercato azionario in Nigeria.

Hsieh (2013) ha studiato l'impatto sulla performance del mercato azionario e le implicazioni politiche di otto variabili indipendenti, ovvero la produzione reale, il debito pubblico, l'offerta di moneta, il tasso di interesse reale nazionale, il tasso di cambio NZD/USD, il tasso di inflazione previsto, l'indice del mercato azionario mondiale e il tasso di interesse mondiale e la variabile dipendente mercato azionario neozelandese, Nuova Zelanda. Il ricercatore ha lavorato su dati trimestrali dal primo trimestre del 1994 al secondo trimestre del 2010, utilizzando il metodo del modello GARCH, concludendo che il Prodotto Interno Lordo (PIL) reale e l'indice del mercato azionario mondiale hanno influenzato positivamente il mercato azionario neozelandese. Inoltre, il tasso d'interesse reale nazionale (IR), il tasso d'inflazione atteso nazionale (IR), il rapporto tra il debito pubblico e il Prodotto Interno Lordo (PIL) (rapporto D/PIL), il tasso di cambio nominale NZ \$/US \$ (ER) e il rendimento dei titoli di Stato degli Stati Uniti hanno influito negativamente. Inoltre, è stata riscontrata una rottura strutturale nella relazione tra l'indice del mercato azionario neozelandese e l'offerta di moneta (rapporto M3/Prodotto Interno Lordo), che è risultata positiva nel periodo compreso tra il primo trimestre del 1994 e il quarto trimestre del 2007 e negativa nel periodo compreso tra il primo trimestre del 2008 e il secondo trimestre del 2010.

Haroon et al. (2011) hanno esaminato la relazione di lungo periodo tra le tre variabili macroeconomiche indipendenti, ovvero il tasso di inflazione, il tasso di cambio e il tasso dei buoni del Tesoro (T-bill), e la variabile dipendente, la Borsa di Karachi, in Pakistan. Gli autori hanno lavorato su dati mensili da gennaio 2000 a dicembre 2010 eseguendo la tecnica della correlazione, della cointegrazione, del VAR, del test della radice unitaria e del test di causalità di Granger. La tecnica della cointegrazione ha dimostrato che il tasso d'inflazione (IR), il tasso di cambio (FR) e il tasso dei buoni del Tesoro (T-bill) non presentano una correlazione positiva significativa con il rendimento della Borsa di Karachi, mentre il T-bill e il tasso d'inflazione e il T-bill e il tasso X hanno una correlazione positiva non significativa con il rendimento della Borsa di Karachi.

Rabia et al. (2015) hanno analizzato gli effetti delle crisi finanziarie nelle borse valori e delle cinque variabili macroeconomiche indipendenti, ovvero gli investimenti diretti esteri, il tasso di cambio, il tasso di inflazione, il tasso di interesse e la stabilità politica, e la variabile dipendente, la borsa di Karachi, in Pakistan. I ricercatori hanno lavorato su dati relativi al periodo compreso tra gennaio 2005 e novembre 2008 e hanno utilizzato la procedura delle correlazioni, la tecnica della regressione e l'analisi della varianza (ANOVA). Una correlazione positiva degli investimenti diretti esteri con la borsa di Karachi, mentre una correlazione negativa del tasso di cambio (ER), del tasso di interesse (IR), del tasso di inflazione (indice dei prezzi al consumo) e della stabilità politica (PS) con la borsa di Karachi (KSE), non ha alcuna relazione con la fluttuazione della borsa di Karachi per l'indice dei prezzi al consumo e la stabilità politica.

Mangani (2009) ha analizzato l'impatto di due variabili macroeconomiche indipendenti, ovvero il tasso di sconto e il prezzo dell'oro, e della variabile dipendente JSE Securities Exchange of South Africa, Sudafrica. Lo studio, condotto su dati settimanali dal 16 dicembre 1983 al 25 maggio 2007, ha rilevato che le variazioni del prezzo dell'oro (GP) influenzano in larga misura la volatilità dei rendimenti azionari, mentre il tasso di sconto (IR) è chiaramente importante per descrivere la dinamica dei rendimenti azionari medi del JSE Securities Exchange.

Shafana (2014) ha analizzato l'impatto delle tre variabili macroeconomiche indipendenti, ovvero il tasso di cambio, il tasso dei buoni del Tesoro e il tasso di inflazione, e delle variabili dipendenti, ovvero gli indici dei prezzi delle azioni settoriali del mercato azionario di Colombo, Sri Lanka. Il ricercatore ha lavorato su dati mensili da gennaio 2008 a dicembre 2012 e ha utilizzato la tecnica della correlazione e l'analisi di regressione multipla per stabilire un effetto negativo significativo del tasso di cambio su tutti i prezzi delle azioni settoriali (ER). Il tasso d'inflazione (IR) ha un effetto positivo significativo su tutti i prezzi delle azioni settoriali, mentre il tasso dei buoni del tesoro (T-bill) ha una debole influenza negativa su tutti i settori, tranne quelli dell'Information Technology e delle telecomunicazioni.

Saeed et al. (2012) hanno analizzato l'impatto di cinque variabili macroeconomiche indipendenti, ovvero il tasso di cambio, la liquidità (M2), il prodotto interno lordo (PIL), il tasso d'interesse bancario e l'indice dei prezzi, e della variabile dipendente, l'indice dei prezzi azionari delle società automobilistiche iraniane nella Borsa di Teheran, Iran. I ricercatori hanno lavorato su dati trimestrali dal 1991 al 2011 e hanno utilizzato il metodo del modello ARDL e la stima del modello di correzione degli errori. Il tasso di interesse bancario (IR) ha un effetto negativo sull'indice dei prezzi delle società automobilistiche.

Ikponmwosa et al. (2014) hanno analizzato gli effetti delle quattro variabili macroeconomiche indipendenti, ovvero il tasso di inflazione, il tasso di cambio, il Prodotto Interno Lordo (PIL) e il tasso di interesse, e della variabile dipendente Nigeria Stock Exchange (NSE), Nigeria. Lo studio ha analizzato i dati annuali dal 1980 al 2011 con il modello GARCH (Generalized Autoregressive Conditional Heteroskedasticity), ottenendo un debole effetto sulla volatilità dei prezzi azionari da parte del tasso di interesse (IR) e del tasso di cambio (ER), mentre la principale determinante della volatilità dei prezzi azionari è il tasso di inflazione (Consumer Price Index) in Nigeria.

Okwuchukwu et al. (2014) hanno analizzato la volatilità del mercato e l'impatto di cinque variabili macroeconomiche indipendenti, ovvero l'offerta di moneta larga, l'indice dei prezzi al consumo, il credito al settore privato, il tasso di cambio dollaro/naira e le attività estere nette e la variabile dipendente Borsa nigeriana (NSE), Nigeria. I ricercatori hanno lavorato su dati mensili da gennaio 1996 a marzo 2013. Il modello GARCH-X ha dimostrato che le variazioni del tasso di cambio dollaro/naira (ER) e del credito al settore privato hanno influenzato positivamente la volatilità del rendimento della Borsa nigeriana (NSE). Ma le variazioni della massa monetaria (M3) e del tasso di inflazione (indice dei prezzi al consumo) hanno influenzato negativamente la volatilità della Borsa nigeriana (NSE). D'altra parte, le variazioni delle attività nette all'estero influenzano negativamente, ma non in modo significativo, la volatilità dei rendimenti del mercato azionario.

Faisal et al. (2007) hanno analizzato la volatilità dei rendimenti di mercato e l'impatto di sei variabili macroeconomiche indipendenti, ovvero il tasso di cambio, il tasso di interesse, la produzione industriale, l'offerta di moneta, l'indice mondiale Morgan Stanley Capital International (MSCI) e il LIBOR a 6 mesi, e la variabile dipendente, la Borsa di Karachi, Pakistan. Gli autori hanno lavorato su dati mensili da luglio 2000 a giugno 2005 e hanno determinato modelli multivariati EGARCH e Vector Auto Regressive (VAR), trovando nell'indice mondiale Morgan Stanley Capital International (MSCI) e nel LIBOR (London Inter Bank Offer Rate) a 6 mesi i due fattori globali che spiegano i rendimenti azionari della Borsa di Karachi. Gli effetti delle variabili macroeconomiche sulla volatilità dei rendimenti sono asimmetrici. Il ruolo significativo dei fattori nazionali e globali del mercato azionario di Karachi è parzialmente integrato.

Esmaeili e Gholami (2013) hanno analizzato l'impatto della relazione tra le quattro variabili macroeconomiche indipendenti, ovvero il tasso di inflazione, il tasso di crescita della massa monetaria, il tasso di cambio e le entrate petrolifere, e la variabile dipendente Borsa di Teheran (TSE), Iran. Lo studio, condotto su dati trimestrali dal 2002 al 2011, ha utilizzato la procedura del vector auto regressive distributed lag, l'Augmented Dickey Fuller unit root test e il test di cointegrazione per stabilire l'esistenza di una relazione di lungo periodo tra le variabili quali il tasso d'inflazione (CPI), il tasso di cambio (ER), la liquidità (tasso di crescita dell'offerta di moneta) utilizzando il test di cointegrazione e le influenze non significative dei ricavi petroliferi e dell'indice di rendimento in contanti dei prezzi azionari, il coefficiente di crescita della liquidità nel lungo periodo ARDL e una relazione positiva tra gli indicatori di performance finanziaria e il tasso d'inflazione (IR).

Ibrahim et al. (2014) hanno analizzato gli effetti di otto variabili macroeconomiche indipendenti, ovvero l'indice generale dei prezzi (ASE), il volume degli scambi (ASE), il prodotto interno lordo (PIL) a prezzo di mercato, l'offerta di denaro, le rimesse degli espatriati, gli investimenti esteri, il tasso d'inflazione e le agevolazioni creditizie, e le variabili dipendenti, ovvero il mercato immobiliare e il mercato finanziario azionario in Giordania, la Borsa di Amman, Giordania. I ricercatori hanno lavorato su dati mensili dal 2002 al 2011 e hanno utilizzato metodi di regressione tecnica per concludere che in Giordania la dimensione del mercato immobiliare (REM) e gli indicatori (Prodotto interno lordo a dimensione di mercato, offerta di moneta (M2), investimenti esteri (IDE), facilitazioni creditizie) hanno correlazioni significative e positive. Il valore di mercato del settore immobiliare (MRE) e gli indicatori (volume di scambi di (ASE), Prodotto Interno Lordo a dimensione di mercato, Offerta di moneta (M2), Investimenti esteri (IDE) e Linee di credito) presentano differenze significative e correlazioni esistenti. Sono state riscontrate correlazioni non significative tra il volume degli scambi di (ASE), le rimesse degli espatriati (ER), la dimensione del mercato immobiliare (REM) e gli indicatori di (Indice generale dei prezzi di (ASE) e Tasso di inflazione (CPI). Esistono correlazioni non significative anche tra il valore di mercato degli immobili (MRE).

Esumanba et al. (2014) hanno analizzato la relazione tra cinque variabili macroeconomiche indipendenti, ovvero l'offerta di moneta, i buoni del Tesoro (proxy del tasso di interesse), il tasso di inflazione, il tasso di cambio e il prezzo del petrolio, e la variabile dipendente, il mercato azionario del Ghana. Gli studiosi hanno lavorato su dati trimestrali dal primo trimestre del 1995 all'ultimo trimestre del 2011, applicando il modello di correzione degli errori (ECM) e l'analisi di cointegrazione Augmented Dickey Fuller (ADF), che ha permesso di individuare una relazione a lungo termine tra alcune delle variabili macroeconomiche e il rendimento del mercato azionario, con un'influenza altamente significativa sul rendimento del titolo da parte del prezzo del petrolio (OP) e dell'offerta di moneta (M2).

Lóránd (2012) ha rilevato l'impatto di cinque variabili macroeconomiche indipendenti, ovvero i tassi di cambio, i tassi di interesse (globali), il prezzo dell'oro, gli indici azionari globali e i prezzi del petrolio e la variabile dipendente Borsa di Bucarest (BSE), Romania. Lo studioso ha lavorato su dati mensili da giugno 2002 a maggio Il metodo utilizzato nel 2011, il modello autoregressivo vettoriale (VAR) e il modello di correzione degli errori vettoriali (VECM), ha permesso di stabilire una relazione a breve e a lungo termine tra tutte le variabili macroeconomiche (indici azionari globali, tassi di interesse (globali), tassi di cambio (ER), prezzo dell'oro e del petrolio) e gli indici della Borsa di Bucarest (BSE).

Williams (2009) ha considerato l'impatto delle quattro variabili macroeconomiche indipendenti, ovvero il tasso di cambio (ER), il tasso minimo di ridistribuzione (MRR), il tasso dei buoni del Tesoro (TBR) e il tasso di inflazione medio mobile a 12 mesi (INF) e la variabile dipendente Nigerian Stock Exchange (NSE), Nigeria. L'autore ha lavorato su dati dal 1985 al 2008 eseguendo modelli di cointegrazione, di correzione degli errori (ECM) e di Augmented Dickey Fuller (ADF). Nel breve termine, il mercato azionario e il tasso minimo di ridistribuzione (MRR) implicano che esiste una relazione negativa significativa, un miglioramento della performance del mercato azionario nigeriano attraverso la diminuzione del MRR. A lungo termine, è emerso che il tasso di cambio (ER) stabile migliora la performance del mercato azionario in crescita. Una relazione non significativa è stata riscontrata tra il tasso dei buoni del Tesoro (T-bill) e il tasso di inflazione (IR), una relazione negativa del mercato azionario nel breve periodo con un basso tasso di inflazione (IR) e mantenendo il TBR basso potrebbe migliorare la performance del mercato azionario nigeriano.

Adhiambo et al. (2012) hanno analizzato la relazione tra le tre variabili macroeconomiche indipendenti, ovvero il tasso di interesse, il tasso di inflazione e il tasso dei buoni del Tesoro a 91 giorni (T bill), e la variabile dipendente Nairobi Securities Exchange, Kenya. Lo studio, condotto su dati mensili da marzo 2008 a marzo 2012 con il metodo della regressione, la correlazione seriale di Breusch Godfrey e la statistica di collinearità, ha stabilito che esiste una relazione negativa tra il Nairobi Securities Exchange e la variabile dipendente.

(NASI) con il tasso dei buoni del Tesoro a 91 giorni (T-bill), mentre esiste una debole relazione positiva con il rendimento azionario con il tasso di inflazione (IR).

Hussainey et al. (2009) verificano l'impatto di tre variabili indipendenti macrocosmiche, ovvero il tasso di interesse e la produzione industriale e gli indicatori macroeconomici degli Stati Uniti e la variabile dipendente, ovvero i prezzi delle azioni vietnamite. Gli studiosi hanno lavorato su dati mensili relativi a un periodo di sette anni, dal gennaio 2001 all'aprile 2008, applicando la tecnica di modellazione Multivariate Vector Auto Regression (MVAM) e il modello di correzione dell'errore vettoriale (VECM), scoprendo che il settore della produzione industriale nazionale (IP) e i mercati monetari hanno associazioni significative con i prezzi delle azioni in Vietnam. I prezzi delle azioni vietnamite sono influenzati in modo significativo dai fondamentali macroeconomici degli Stati Uniti. Negli Stati Uniti il settore reale ha un'influenza maggiore rispetto al mercato monetario.

Chetna (2013) ha individuato la relazione tra le dieci variabili indipendenti macrocosmiche, ovvero reverse repo rate, Cash Reserve Ratio, Statutory Reserve Ratio, Repo rate, tasso d'inflazione, indice dei prezzi al consumo, indice di produzione industriale, tasso d'oro, tasso di petrolio e tasso di cambio e la variabile dipendente SENSEX (mercato azionario indiano), India. I ricercatori hanno lavorato su dati mensili da gennaio 2004 a dicembre 2012 e hanno determinato correlazioni, regressioni e ANOVA per stabilire che, nel lungo periodo, i fattori macroeconomici nazionali sono più determinanti per il mercato azionario indiano rispetto a quelli globali e che il tasso d'inflazione (indice dei prezzi al consumo) ha un impatto maggiore rispetto a tutte le altre variabili economiche che influenzano il SENSEX (mercato azionario indiano).

Asaolu et al. (2011) hanno rilevato l'impatto di otto variabili macroeconomiche indipendenti: debito estero (ED), tasso di inflazione (IR), deficit fiscale (FD),

Il tasso di cambio (EX), l'afflusso di capitali esteri (FCI), gli investimenti (INV), la produzione industriale (INDO) e il tasso di inflazione (INF) e la variabile dipendente Prezzo medio delle azioni (ASP) della Borsa della Nigeria, Nigeria. Lo studio ha utilizzato i dati relativi al periodo 1986-2007 e le procedure del test Augmented Dickey Fuller (ADF), del test di causalità di Granger, della cointegrazione e del metodo di correzione degli errori (ECM), concludendo che il prezzo medio delle azioni (ASP) della Borsa della Nigeria e le variabili macroeconomiche hanno una debole relazione in Nigeria. Il prezzo medio delle azioni (ASP) non è un indicatore di riferimento della performance macroeconomica in Nigeria. Nel lungo periodo, la relazione tra il prezzo medio delle azioni (ASP) e le variabili macroeconomiche esiste per tutto il periodo di studio.

Alvan et al. (2014) hanno analizzato l'impatto delle crisi finanziarie e delle sei variabili indipendenti macroeconomiche, ovvero il tasso di inflazione, il tasso di cambio nominale tra la naïra e il dollaro statunitense, il prezzo dell'oro, il prezzo del greggio Brent, il tasso interbancario (tasso di interesse a breve termine) e il rendimento dei titoli del Tesoro a 10 anni (tasso di interesse a lungo termine) e le variabili dipendenti, ovvero la Borsa nigeriana (Nigeria) e la Borsa di Johannesburg (Sudafrica). I ricercatori hanno lavorato su dati mensili da gennaio 2003 a dicembre 2012 e hanno utilizzato le tecniche di regressione, correlazione, test di radice unitaria Augmented Dickey Fuller e media mobile autoregressiva (ARMA), ottenute durante la crisi economica e finanziaria del 2008. Lo studio ha rilevato che entrambi i mercati sono insensibili al tasso interbancario (IR), mentre i mercati azionari della Borsa nigeriana e della Borsa di Johannesburg sono diventati più sensibili alla maggior parte dei fattori di rischio macroeconomici, con un'elevata influenza delle variabili economiche fondamentali nelle dinamiche del mercato azionario o una diminuzione dell'esuberanza irrazionale.

Erick et al. (2012) hanno rilevato l'impatto di sette variabili macroeconomiche indipendenti, ovvero sviluppo del settore bancario, reddito pro capite, liquidità del mercato azionario, stabilità macroeconomica, flussi di capitale privato, qualità istituzionale e risparmio interno e la variabile dipendente Borsa di Nairobi, Kenya. Gli studiosi hanno lavorato su dati mensili dal 2005 al 2009 e hanno utilizzato la tecnica della correlazione di Pearson e della regressione per ottenere lo sviluppo del mercato azionario e la stabilità macroeconomica, mentre il tasso di inflazione (IR) e i flussi di capitale privato non hanno trovato alcuna relazione. Anche l'ordine pubblico e la qualità burocratica, la responsabilità democratica e l'indice di corruzione mostrano che la qualità istituzionale rappresentata è un'importante determinante della crescita del mercato azionario, in quanto aumenta la redditività dei finanziamenti esterni da parte degli investitori stranieri.

Poku et al. (2013) hanno rilevato l'impatto di tre variabili macroeconomiche indipendenti, ovvero l'inflazione (indice dei prezzi al consumo), il tasso di cambio e il tasso di interesse, e della variabile dipendente Databank Stock Index (DSI), Ghana. Gli autori hanno lavorato su dati mensili dall'aprile 1991 all'agosto 2010 e hanno utilizzato il test di cointegrazione, i modelli di correzione degli errori vettoriali (VECM), l'Augmented DickeyFuller (ADF) e i test di Phillips-Perron, riscontrando nel lungo periodo un effetto negativo sulla relazione tra i prezzi delle azioni e il tasso di interesse e il tasso di cambio, mentre l'inflazione (CPI) ha un effetto positivo sui prezzi delle azioni. Il basso impatto significativo sulle oscillazioni del prezzo delle azioni in Ghana, ottenuto attraverso la Forecast Error Variance Decomposition (FEVD) e la Impulse

Response Function (IRF), indica che le variabili macroeconomiche individuate.

Anthony et al. (2011) hanno analizzato l'impatto di sei variabili indipendenti macrocosmiche, ovvero offerta di moneta (BRDM), tasso di interesse, tasso di cambio, tasso di inflazione, prezzo del petrolio e prodotto interno lordo (PIL), e delle variabili dipendenti, ovvero i prezzi delle azioni di aziende selezionate nella Borsa nigeriana (NSE), in Nigeria. Lo studio, condotto dal gennaio 1985 all'aprile 2009 con il metodo dei coefficienti comuni e con il metodo dei coefficienti specifici di una sezione trasversale (Generalized Least Square) (GLS), ha stabilito che esiste una relazione significativa tra le quattro variabili tasso d'interesse (IR), prezzo del petrolio (OP), tasso di cambio (ER) e prodotto interno lordo (PIL) e i prezzi delle azioni delle aziende selezionate nella Borsa nigeriana (NSE). Il prezzo del petrolio e il prodotto interno lordo (PIL) hanno un impatto positivo sui prezzi delle azioni (STK). Impatto negativo sui prezzi delle azioni da parte del tasso di cambio (ER) e del tasso di interesse (IR) in Nigeria.

Rashid (2012) ha rilevato l'impatto di quattro variabili macroeconomiche indipendenti, ovvero il tasso d'interesse, la produzione industriale, i flussi netti esteri di private equity e il totale dei crediti bancari in essere al settore privato e la variabile dipendente (o le variabili dipendenti) numero di IPO nel mercato malese, in Malesia. Il ricercatore ha lavorato su dati mensili dal gennaio 1990 al dicembre 2008 e ha utilizzato la procedura di cointegrazione, i test di Augmented Dickey Fuller e i modelli di correzione dell'errore vettoriale, scoprendo che il tasso di interesse (IR) e il numero di IPO hanno una relazione negativa significativa con il rendimento azionario, mentre la produzione industriale (IP) e il numero di IPO hanno una relazione positiva significativa nel mercato azionario malese.

Yu (2011) ha analizzato l'impatto di dieci variabili macroeconomiche indipendenti, ovvero la produzione reale, gli utili azionari, il debito pubblico, l'offerta di moneta, il tasso di interesse reale a breve termine negli Stati Uniti, il tasso di interesse reale a lungo termine negli Stati Uniti, il tasso di cambio effettivo nominale (NEER), il tasso di inflazione previsto, l'indice del mercato azionario estero e il tasso di interesse estero, e la variabile dipendente, l'indice del mercato azionario degli Stati Uniti. Il ricercatore ha lavorato su dati trimestrali dal primo trimestre del 1978 al primo trimestre del 2010 e ha applicato il modello ARCH per stabilire che l'indice del mercato azionario degli Stati Uniti è aumentato per cause quali un prodotto interno lordo reale (PIL) più elevato, un rapporto debito pubblico/prodotto interno lordo (PIL) più basso, un guadagno azionario più elevato, un rapporto più basso tra offerta di moneta (M2) e prodotto interno lordo (PIL), un tasso reale di buoni del Tesoro (T-bill) più basso, un rendimento reale delle obbligazioni societarie più basso, un tasso di cambio effettivo nominale (ER) più alto, un tasso di inflazione atteso (IR) più basso, un indice azionario del Regno Unito più alto o un tasso di buoni del Tesoro del Regno Unito (T-bill) più basso.

Kivilcim et al. (1999) hanno analizzato le crisi finanziarie e il cambiamento dei fattori che determinano il rischio e il rendimento attraverso due variabili macroeconomiche indipendenti, ovvero i tassi di cambio del dollaro USA e i tassi di interesse overnight, e la variabile dipendente Borsa di Istanbul (ISE), Turchia. Lo studio ha utilizzato dati dal gennaio 1988 all'aprile 1995 e ha concluso che, durante una crisi finanziaria, i fattori che determinano i rischi nei mercati azionari cambiano e la relazione rischio-rendimento viene rilevata. Quando l'economia passa da un regime all'altro, le determinanti del rischio e la relazione rischio-rendimento cambiano.

Sheng et al. (2000) hanno studiato il rischio e il rendimento e gli impatti delle variabili macroeconomiche indipendenti, ovvero il tasso di cambio e la variabile dipendente (i) rendimenti azionari nei Paesi asiatici (Taiwan, Hong Kong, Corea del Sud, Singapore, Malesia, Filippine, Indonesia, Thailandia, Giappone e Stati Uniti). I ricercatori hanno lavorato su dati giornalieri dal 1° gennaio 1990 al 10 febbraio 1998 e hanno utilizzato il metodo GARCH (1,1) per ottenere un effetto positivo sui rendimenti dei titoli asiatici da parte dei fattori regionali e mondiali, rispettivamente rappresentati dai rendimenti dei titoli giapponesi e statunitensi.

Desislava (2005) ha esaminato la relazione tra una singola variabile macroeconomica indipendente, il tasso di cambio, e la variabile dipendente, il mercato azionario degli Stati Uniti. Lo studioso ha lavorato su dati mensili dal gennaio 1990 all'agosto 2004 e ha effettuato il test di causalità di Granger, ottenendo che il tasso di cambio ha una relazione non significativa, i segni delle variabili erano quelli attesi, il che conferma in qualche modo quando i prezzi delle azioni sono la variabile guida da una relazione positiva. Quando i prezzi delle azioni sono la variabile guida il legame è positivo e quando i tassi di cambio sono la variabile guida sono correlati negativamente.

Jittima et al. (2008) hanno preso in considerazione uno studio sul controllo dei capitali e sull'effetto della macroeconomia: tre variabili indipendenti, ovvero le variazioni del tasso di sconto, del tasso sui fondi federali e dell'offerta di moneta, e la variabile dipendente (o le variabili dipendenti) 43 istituzioni finanziarie quotate alla Borsa della Thailandia (SET), in Thailandia. Gli studiosi hanno elaborato i dati a partire da 240 giorni prima dell'inizio della finestra di eventi, il 18 dicembre 2006, dell'annuncio del controllo dei capitali in Thailandia (Event Studies) La regressione di implementazione ha riscontrato un effetto negativo sul prezzo degli asset da parte dell'imposizione del controllo dei capitali previsto. Influenze non significative da parte del rendimento anomalo medio nel giorno dell'annuncio. I rendimenti significativamente più bassi intorno all'annuncio dell'imposizione del controllo dei capitali da parte delle imprese con una performance aziendale precedente più elevata sembrano essere sperimentati nelle istituzioni finanziarie quotate della Borsa della Thailandia (SET).

Aman (2010) studia l'effetto del mercato azionario macroeconomico di dieci variabili indipendenti, ovvero l'indice dei prezzi all'ingrosso (WPI), l'indice dei prezzi al consumo (CPI), l'indice di produzione industriale (IPI), l'offerta di moneta (M3), le importazioni e le esportazioni per ricavare le esportazioni nette (Net Import), gli investimenti istituzionali esteri netti (FII), la riserva di valuta estera del governo, il tasso di cambio e il rendimento dei buoni del tesoro a 91 giorni e la variabile dipendente Bombay Stock Exchange sensitive index (SENSEX), indiana. L'autore ha lavorato su dati mensili da aprile 1996 a gennaio 2009 e ha determinato la cointegrazione, l'Augmented Dickey-Fuller (ADF) e il Philips Perron (PP), stabilendo che nel lungo periodo, su cinque fattori, tre sono relativamente più influenti sul meccanismo di determinazione dei prezzi del mercato azionario indiano: la produzione industriale (IP), l'indice dei prezzi all'ingrosso (WPI) e il tasso di interesse (IR). Nel lungo periodo sono stati i fattori macroeconomici nazionali, piuttosto che quelli globali, a guidare il mercato azionario indiano.

Wei-Chong et al. (2011) hanno analizzato la performance e l'incertezza delle tre variabili macroeconomiche indipendenti, ovvero il prezzo dell'oro, il prezzo del greggio e i tassi di cambio, e la variabile dipendente del mercato azionario giapponese, in Giappone. Gli studiosi hanno lavorato su dati giornalieri di 12 anni, da maggio 1997 a luglio 2009, utilizzando la procedura dei modelli GARCH e dei metodi Ad Hoc, giungendo alla conclusione che le variabili macroeconomiche non hanno alcun impatto sulla volatilità dei mercati azionari giapponesi e che i migliori risultati sono stati ottenuti dal modello GARCH più semplice. Il modello GJRGARCH è superiore al modello GARCH (1, 1) nella previsione a un passo dalla fine.

Khizer et al. (2011) hanno analizzato l'impatto dell'indicatore di redditività delle otto variabili macroeconomiche indipendenti (dimensioni, efficienza operativa, capitale, rischio di credito, gestione degli attivi e composizione del portafoglio), della crescita economica e dell'inflazione al consumo e delle variabili dipendenti (banche commerciali pubbliche e private) esaminate nel periodo compreso tra il 2006 e il 2009 in Pakistan. Gli autori hanno lavorato su dati dal 2006 al 2009, utilizzando la tecnica della correlazione e dell'analisi di regressione per stabilire la crescita economica a livello nazionale e l'efficienza della gestione degli attivi ha una relazione positiva e significativa con la redditività in entrambi i modelli (misurata dal rendimento degli attivi (ROA) e dal rendimento degli investimenti).

Equity (ROE)). La redditività è influenzata positivamente dalle dimensioni dell'impresa, dalla composizione del portafoglio, dalla gestione degli asset e dall'efficienza operativa. Il capitale e il rischio di credito influenzano negativamente la redditività misurata dal rendimento delle attività (Return on Assets, ROA). Il capitale, la composizione del portafoglio e la gestione degli asset influenzano positivamente la redditività misurata dal rendimento del capitale proprio (Return on Equity, ROE). E influiscono negativamente le dimensioni, l'efficienza operativa e il rischio di credito nella stessa metodologia. A livello generale, il prodotto interno lordo ha un'influenza positiva sulla redditività (misurata dal rendimento delle attività (ROA) e dal rendimento del capitale proprio (ROE)).

Gopalan (2010) ha esaminato la relazione tra una singola variabile macroeconomica indipendente, ovvero i tassi di cambio, e la variabile dipendente, l'indice azionario del Messico. Lo studio ha lavorato sui dati dalla prima settimana di gennaio 1989 all'ultima settimana di dicembre 2006, applicando il modello di cointegrazione, il modello autoregressivo vettoriale e i test di causalità; il test di causalità di Granger ha dimostrato che, nel breve periodo, i prezzi delle azioni guidano i tassi di cambio (ER) e che, nel lungo periodo, le due variabili prezzi delle azioni e tassi di cambio (ER) non hanno alcuna relazione.

Rashid et al. (2002) hanno studiato l'effetto del mercato azionario macroeconomico su tre variabili indipendenti, ovvero il prodotto nazionale lordo (PNL), il tasso di interesse e il tasso di inflazione, e sulla variabile dipendente Kuwait Stock Exchange (KSE), Kuwait. I ricercatori hanno lavorato sui dati dal 1981 al 1997 e hanno utilizzato il metodo del modello a effetti fissi (FEM), il modello a effetti casuali (REM) e il test del moltiplicatore di Lagrange di Breusch Pagan, trovando influenze sensibili e significative sul periodo di studio principale, che ha trovato il coefficiente di risposta agli utili stimato e che è aumentato quando sono stati inclusi più periodi principali nel mercato azionario del Kuwait.

Albaity et al. (2008) hanno analizzato la performance degli indici Syariah e Composite di due variabili macroeconomiche indipendenti, vale a dire il rischio e il rendimento, e le variabili dipendenti Kuala Lumpur Syariah Index (KLSI) e Kuala Lumpur Composite Index (KLCI), in Malesia. I ricercatori hanno lavorato su dati che coprono un periodo compreso tra aprile 1999 e dicembre 2005, eseguendo il test delle radici unitarie e della causalità di Granger: I test di co-integrazione di Johansen e la regressione automatica vettoriale hanno concluso che le differenze nei rendimenti azionari aggiustati per il rischio tra il mercato azionario islamico e gli indici del mercato azionario convenzionale non sono significative. Nel breve periodo, oltre alla presenza significativa di una causalità bidirezionale, l'equilibrio di lungo periodo indica che entrambi gli indici si muovono in tandem.

Akinwande et al. (2012) hanno esaminato il rendimento azionario di cinque variabili macroeconomiche indipendenti, ovvero il tasso di cambio, l'indice dei prezzi al consumo come misura del tasso di inflazione (CPI), il tasso di interesse, la massa monetaria (M2) e il reddito reale pro capite e la variabile dipendente Nigerian Stock Exchange (NSE), Nigeria. I ricercatori hanno lavorato su dati mensili dal 1984 al 2010 e con la tecnica della regressione hanno ottenuto un impatto significativo sulla crescita dell'indice azionario della Borsa nigeriana tra il 1984 e il 2010 da parte del tasso di cambio (ER) e del tasso di interesse (IR).

Olanrewaju et al. (2010) hanno analizzato l'impatto delle due variabili macroeconomiche indipendenti, ovvero il tasso di inflazione e il tasso di cambio, sulla variabile dipendente Nigerian Stock Exchange (NSE), Nigeria. Gli studiosi hanno analizzato i dati mensili dal 1991 al 2008 e hanno ottenuto, attraverso un modello GARCH (1,1), che il tasso di inflazione (IR) e il tasso di cambio (ER) hanno un impatto significativo sulla volatilità condizionata del mercato azionario nigeriano.

Gevit (2007) ha esaminato la relazione tra una singola variabile macroeconomica indipendente, ovvero il Prodotto Interno Lordo (PIL), e la variabile dipendente (o le variabili dipendenti) Top five Biggest Stock Markets in the World, United States, United Kingdom, France, Germany and Japan. Il ricercatore ha lavorato su dati trimestrali dal 1957 al 2005, determinando il test delle radici unitarie di Dickey-Fuller (DF) e il test di causalità di Granger, che ha rilevato che i valori delle attività hanno innescato una successiva contrazione dei consumi e i livelli di attività economica hanno subito contrazioni significative. Quindi, una diminuzione simile dell'attività economica è dovuta a un forte calo dei prezzi delle azioni.

Majid et al. (2007) studiano l'effetto delle cinque variabili macroeconomiche del mercato azionario, ovvero l'offerta di moneta (M1), l'offerta di moneta ampia (M2), i tassi di interesse (TBR), il tasso di cambio (MYR) e l'indice di produzione industriale, e le variabili dipendenti Kuala Lumpur Composite Index (KLCI) e Rashid Hussain Berhad Islamic Index (RHBII), Malaysia. Lo studio, condotto su dati mensili dal gennaio 1992 al dicembre 2000, ha utilizzato procedure di eteroskedasticità condizionale autoregressiva generalizzata (GARCH)-M, GARCH (1,1) e autoregressiva vettoriale (VAR) per stabilire che la volatilità del mercato azionario convenzionale è influenzata dalla volatilità del tasso di interesse (IR), ma non dalla volatilità del mercato azionario islamico. Il tasso di interesse (IR) non è una variabile significativa per i principi islamici che spiegano la volatilità dei mercati azionari. I risultati forniscono un ulteriore supporto alla stabilizzazione del tasso di interesse (IR) che non avrebbe un impatto significativo sulla volatilità dei mercati azionari islamici in Malesia.

Tantatape (2007) ha analizzato la causalità tra sei variabili macroeconomiche indipendenti, ovvero l'indice di produzione industriale, l'offerta di moneta (M2), il tasso d'inflazione, il tasso di cambio, il tasso d'interesse e i prezzi mondiali del petrolio, e la variabile dipendente, la Borsa della Thailandia. Il ricercatore ha lavorato sui dati di gennaio

Dal 1992 al dicembre 2003, i test di correzione degli errori (ECM), di radice unitaria, di cointegrazione e di causalità di Granger concludono che l'offerta di moneta (M2) ha un impatto positivo sull'indice del mercato azionario, mentre l'indice di produzione industriale (IPI), il tasso di cambio (ER) e il prezzo del petrolio (OP) hanno un impatto negativo sull'indice del mercato azionario. Solo la variabile offerta di moneta (M2) influenza positivamente i rendimenti del mercato azionario attraverso il test di causalità di Granger.

Ramazan et al. (2006) verificano la relazione tra le quattro variabili macroeconomiche indipendenti, ovvero il prezzo del greggio, l'indice dei prezzi di vendita al consumo (CPI), il prodotto interno lordo (PIL) e il tasso di occupazione, e la variabile dipendente Borsa di Istanbul (ISE), Turchia. Gli studiosi hanno lavorato su dati mensili dal gennaio 1987 al marzo 2004, utilizzando la procedura del test della radice unitaria e della decomposizione generalizzata della varianza dell'errore di previsione, ottenendo un effetto insignificante degli shock del prezzo del petrolio (OP) sui rendimenti azionari reali in Turchia. Inoltre, questi risultati si discostano dalla letteratura/studio precedente in quanto gli shock del prezzo del petrolio (OP) non sembrano avere un impatto significativo sui rendimenti azionari reali.

Unro (1997) ha esaminato le due variabili macroeconomiche indipendenti, vale a dire l'offerta di moneta e il deficit o il surplus di bilancio, e le variabili dipendenti dei Paesi del Bacino del Pacifico (Hong Kong, Singapore, Corea del Sud e Taiwan). Lo studioso ha lavorato su dati trimestrali dal 1980 al 1995, utilizzando la tecnica del test di cointegrazione, i test di causalità di Granger e il modello di correzione degli errori vettoriali (VECM).

Saurabh et al. (2003) studiano i derivati e la volatilità del mercato azionario macroeconomico quattro variabili indipendenti, ovvero i prodotti derivati come i futures sugli indici, i futures sulle azioni, le opzioni sugli indici e le opzioni sulle azioni e le variabili dipendenti S&P CNX Nifty e BSE Sensex (mercati azionari indiani), India. Gli autori hanno lavorato su dati giornalieri dal gennaio 1997 al marzo 2003 applicando la tecnica ARCH / GARCH e hanno riscontrato che il calo complessivo della volatilità del mercato è stato determinato principalmente dal calo della volatilità del Bombay Stock Exchange Sensex. Tuttavia, il mercato a pronti dipende in modo cruciale dal carattere di liquidità che aumenta il mercato sottostante all'impatto di un prodotto derivato.

Dharmendra (2010) ha analizzato la relazione causale tra le tre variabili macroeconomiche indipendenti, ovvero l'indice dei prezzi all'ingrosso (WPI), l'indice di produzione industriale e il tasso di cambio, e la variabile dipendente Bombay Stock Exchange (BSE), India. Il ricercatore ha lavorato su dati mensili da aprile 1995 a marzo 2009 e ha utilizzato il metodo della correlazione, i test di stazionarietà a radice unitaria Augmented Dickey-Fuller (ADF) e il test di causalità di Granger per stabilire l'efficienza informativa almeno rispetto alle due variabili macroeconomiche tasso di cambio (ER) e tasso di inflazione (WPI) sul mercato azionario indiano.

# Sezione 03
MATERIALI E METODI
## 3.1 Disegno della ricerca:
Il modello econometrico in esame è dato dalla seguente equazione:

$$Y = \alpha + \beta X_{11} + \beta x_{22} + \beta X_{33} + \varepsilon$$

Dove:
"Y" è la variabile dipendente
"$\alpha$" = essere intercetta di Y
"b1" pendenza o variazione della prima variabile
b2" pendenza o variazione della seconda variabile e
"b3" = pendenza o variazione della terza variabile
"X1", = variabile indipendente Ist
"X2" = variabile indipendente 2a e
"X3" = variabile indipendente 3
Mentre 's' = il tratto di errore casuale
L'implementazione del modello econometrico:

$$LN\ R = \alpha + \beta_1 ER + \beta2\ LN\ IDE + \beta3\ INF + \varepsilon$$

Dove le variabili indipendenti:
R = Logaritmo naturale del rendimento azionario
$\alpha$ = termine costante
$\beta_1$ = Tasso di cambio
$\beta2$ = Logaritmo naturale degli investimenti diretti esteri
$\beta3$ = Inflazione
$\varepsilon$ = Il termine di errore
## 3.2 Metodologia di ricerca:

Questo studio conduce dati secondari per trovare l'associazione tra i principali fattori economici indipendenti selezionati e il rendimento azionario dei Paesi SAARC (Afghanistan, Bangladesh, Bhutan, India, Maldive, Nepal, Pakistan e Sri Lanka) e della Cina. In questo studio, per stimare le circostanze precise e la relazione esistente con le quantità di altre variabili, è stato utilizzato il modello econometrico Ordinary Least Square (OLS), il software statistico E-views8 e Microsoft Excel per l'analisi dei dati.

Statistiche descrittive e il coefficiente di correlazione prodotto-momento di Pearson (sviluppato da Karl Pearson a partire da un'idea correlata introdotta da Francis negli anni Ottanta del XIX secolo) per misurare la correlazione lineare tra due variabili dipendenti e/o indipendenti, come misura del grado di dipendenza lineare tra due variabili dipendenti e/o indipendenti X e Y che danno un valore compreso tra più 1 e meno 1 incluso.

Inoltre, è stata utilizzata la tecnica di regressione statistica dei minimi quadrati ordinari (OLS) per classificare la direzione e la significatività delle relazioni tra le variabili dipendenti, ossia i Paesi SAARC (Afghanistan, Bangladesh, Bhutan, India, Maldive, Nepal, Pakistan e Sri Lanka) e il rendimento dei mercati azionari cinesi, e le variabili macroeconomiche indipendenti, ossia il tasso di cambio estero (ER), gli investimenti diretti esteri (IDE) e l'inflazione (misurata dall'indice dei prezzi al consumo).

## 3.3 Rendimento delle azioni:

Il rendimento azionario del mercato dei capitali dei principali Paesi SAARC e della Cina è calcolato come la variazione mensile del rendimento azionario mediante la seguente formula:

**R (t) = LN R (t)**

Dove; R (t) il valore del rendimento azionario della borsa locale al mese (t) e LN R (t) il logaritmo naturale in Microsoft excel al mese (t) del rendimento azionario del mese corrente.

### 3.3.1 Repubblica Popolare del Bangladesh:

In primo luogo, i dati secondari ad alta frequenza dei rendimenti azionari della borsa del Bangladesh, disponibili e affidabili, sono stati raccolti dal sito ufficiale della borsa di Dhaka (DSE) www.dsebd.org e coprono un periodo compreso tra gennaio 2011 e dicembre 2015.

### 3.3.2 Repubblica dell'India:

In secondo luogo, i dati secondari ad alta frequenza relativi ai rendimenti azionari della borsa indiana, affidabili e disponibili, ottenuti dalla fonte yahoo finance, i dati della borsa di Bombay (BSE) hanno coperto un periodo compreso tra gennaio 2011 e dicembre 2015.

### 3.3.3 Repubblica islamica del Pakistan:

In terzo luogo, i dati secondari ad alta frequenza relativi ai rendimenti azionari della borsa pakistana, disponibili e affidabili, sono stati ottenuti dalla fonte yahoo finance, la borsa di Karachi (KSE), che ha coperto un periodo compreso tra gennaio 2011 e dicembre 2015.

### 3.3.4 Repubblica Democratica Socialista dello Sri Lanka:

Quarto, i dati secondari ad alta frequenza del rendimento azionario della borsa dello Sri Lanka, disponibili e affidabili, sono stati ottenuti dalla fonte yahoo finance,

I dati della Borsa di Colombo (CSE) coprono un periodo compreso tra gennaio 2011 e dicembre 2015.

### 3.3.5 Repubblica Popolare Cinese:

In quinto luogo, i dati secondari ad alta frequenza sul rendimento delle azioni della borsa cinese, disponibili e affidabili, sono stati ricavati dalla fonte yahoo finance, i dati della borsa di Shanghai (SSE) hanno coperto un periodo compreso tra gennaio 2011 e dicembre 2015.

### 3.4 Cambio di valuta estera:

I principali Paesi SAARC e il tasso di cambio della Cina (ER) calcolato come tasso mensile con la seguente formula:

**ER (t) = 1 / USD (t)**

Dove; ER (t) tasso di cambio del mese t, e 1 diviso per USD al tempo t è uguale al valore della valuta locale al mese (t).

### 3.4.1 Repubblica Popolare del Bangladesh:

In primo luogo, i dati secondari sulla valuta estera sono stati ottenuti dalla Banca del Bangladesh (la banca centrale del Bangladesh), fonte affidabile e disponibile, sul sito ufficiale www.bb.org.bd. I tassi mensili raccolti coprono un periodo di cinque anni, da gennaio 2011 a dicembre 2015.

### 3.4.2 Repubblica dell'India:

In secondo luogo, i dati secondari sui cambi sono stati raccolti dal sito ufficiale della Reserve Bank of India (banca centrale indiana), disponibile e affidabile, www.rbi.org.in. I tassi mensili raccolti coprono un periodo di cinque anni, da gennaio 2011 a dicembre 2015.

### 3.4.3 Repubblica islamica del Pakistan:

In terzo luogo, i dati sui cambi sono stati ricavati dalla Banca di Stato del Pakistan (la banca centrale del Pakistan), disponibile e affidabile sul sito ufficiale www.sbp.org.pk, e hanno coperto un periodo di cinque anni da gennaio 2011 a dicembre 2015.

### 3.4.4 Repubblica Democratica Socialista dello Sri Lanka:

In quarto luogo, i dati secondari sul tasso di cambio sono stati ricavati dal sito ufficiale della Federal Reserve (la banca centrale degli Stati Uniti), disponibile e affidabile, www.federalreserve.gov. I dati mensili raccolti coprono un periodo di cinque anni, da gennaio 2011 a dicembre 2015.

### 3.4.5 Repubblica Popolare Cinese:

Quinto, i dati sui cambi sono stati ricavati dal sito ufficiale della Federal Reserve (la banca centrale degli Stati Uniti), disponibile e affidabile, www.federalreserve.gov, che ha raccolto dati mensili per un periodo di cinque anni, da gennaio 2011 a dicembre 2015.

### 3.5 Investimenti esteri diretti:

I principali Paesi SAARC e gli investimenti diretti esteri (IDE) della Cina sono calcolati come valore mensile secondo la seguente formula:

**IDE (t) = LN (t)**

Dove: IDE (t) il valore al mese t e LN (t) è il logaritmo naturale in Microsoft excel al mese (t) del valore degli investimenti diretti esteri.

### 3.5.1 Repubblica Popolare del Bangladesh:

In primo luogo, i dati secondari sugli investimenti diretti esteri sono stati ricavati dal sito ufficiale della Banca del Bangladesh (la banca centrale del Bangladesh), fonte affidabile e disponibile, www.bb.org.bd, che ha raccolto i tassi mensili per un periodo di cinque anni da gennaio 2011 a dicembre 2015.

### 3.5.2 Repubblica dell'India:

In secondo luogo, i dati secondari sugli IDE sono stati ottenuti dal sito ufficiale del Department of Industrial Policy & Promotion; Ministry of Commerce & Industry, Government of India, disponibile e affidabile, www.dipp.nic.in, che copre un periodo compreso tra gennaio 2011 e dicembre 2015.

### 3.5.3 Repubblica islamica del Pakistan:

In terzo luogo, i dati secondari sugli investimenti diretti esteri sono stati ottenuti dalla State Bank of Pakistan (la banca centrale del Pakistan), anch'essa disponibile e affidabile sul sito ufficiale www.sbp.org.pk, che ha coperto un periodo di cinque anni da gennaio 2011 a dicembre 2015.

### 3.5.4 Repubblica Democratica Socialista dello Sri Lanka:

In quinto luogo, i dati secondari sugli investimenti diretti esteri (IDE) sono stati ricavati dal sito ufficiale della Central Bank of Sri Lanka (la banca centrale dello Sri Lanka), disponibile e affidabile, www.cbsl.gov.lk, che ha coperto un periodo di cinque anni da gennaio 2011 a dicembre 2015.

### 3.5.5 Repubblica Popolare Cinese:

In quinto luogo, i dati secondari sugli investimenti diretti esteri sono stati ricavati dal sito ufficiale del Ministero del Commercio della Repubblica Popolare Cinese www.english.mofcom.gov.cn, che ha coperto un periodo di cinque anni dal gennaio 2011 al dicembre 2015.

### 3.6 Inflazione:

Il tasso di inflazione è misurato dall'indice dei prezzi al consumo (CPI) dei Paesi SAARC e della Cina. La variazione su dodici mesi (YOY) dell'IPC è data dalla seguente formula:

**INF (t) = IPC (t) - IPC (t-12)**

Dove: I (t) è la variazione annuale dell'IPC, ovvero l'inflazione nel mese t, CPI (t) è l'IPC nel mese t e CPI (t-12) è l'IPC nello stesso mese dell'anno precedente.

### 3.6.1 Repubblica Popolare del Bangladesh:

In primo luogo, il tasso di inflazione misurato dall'indice dei prezzi al consumo (CPI) in Bangladesh, i dati secondari ottenuti da fonti disponibili e affidabili Banca del Bangladesh (la banca centrale del Bangladesh) sito web www.bb.org.bdhanno coperto un periodo di cinque anni, da gennaio 2011 a dicembre 2015.

### 3.6.2 Repubblica dell'India:

In secondo luogo, sono stati raccolti i dati secondari del tasso di inflazione misurato dall'indice dei prezzi al consumo (CPI) in India, da una fonte disponibile e affidabile, i dati sull'inflazione mondiale, sito web www.inflation.eucoprono un periodo di cinque anni, da gennaio 2011 a dicembre 2015.

### 3.6.3 Repubblica islamica del Pakistan:

In terzo luogo, il tasso di inflazione misurato dall'IPC in Pakistan, i dati secondari ottenuti dalla State Bank of Pakistan (la banca centrale del Pakistan) sono disponibili e affidabili anche sul sito ufficiale della banca centrale. www.sbp.org.pkhanno coperto un periodo di cinque anni, da gennaio 2011 a dicembre 2015.

### 3.6.4 Repubblica Democratica Socialista dello Sri Lanka:

Quarto, il tasso di inflazione misurato dal CCPI in Sri Lanka, i dati secondari ottenuti da una fonte disponibile e affidabile, il sito ufficiale del Dipartimento di Censimento e Statistica dello Sri Lanka, www.statistics.gov.lk, coprono un periodo di cinque anni da gennaio 2011 a dicembre 2015.

### 3.6.5 Repubblica Popolare Cinese:

Quinto, i dati secondari ottenuti sul tasso di inflazione misurato dall'IPC in Cina, fonte disponibile e affidabile, i dati sull'inflazione mondiale, sito web www.inflation.eu, coprono un periodo di cinque anni da gennaio 2011 a dicembre 2015.

### 3.7 Limitazioni:

L'influenza delle principali variabili economiche sulla performance dei mercati azionari dei Paesi SAARC (Afghanistan, Bangladesh, Bhutan, India, Maldive, Nepal, Pakistan e Sri Lanka) e della Cina è analizzata su dati relativi a un periodo di cinque anni compreso tra gennaio 2011 e dicembre 2015. I dati sono stati ottenuti da diverse fonti, come previsto dalla metodologia di ricerca; tuttavia, i dati di quattro Paesi, Afghanistan, Bhutan, Maldive e Nepal, non sono stati resi disponibili dal Governo e/o dai loro dipartimenti.

**Nei paesi membri della SAARC;**

In primo luogo, la Borsa di Kabul (KBLSE), in Afghanistan, è stata istituita nel 2009, ma fino a dicembre 2015 il mercato dei capitali non funzionava e non era in grado di fornire informazioni.

In secondo luogo, la Royal securities exchange of Bhutan (RSEB), istituita nel 1993, non è in grado di fornire informazioni sui rendimenti azionari del periodo di riferimento dal 2011.

In terzo luogo, l'indice di borsa delle Maldive (MSE), istituito nel 2002, fornisce informazioni ma non dati rilevanti sulle variabili indipendenti, ossia il tasso di cambio, gli IDE e l'inflazione.

In quarto luogo, la Borsa Valori del Nepal (NEPSE), istituita nel 1993, non è in grado di fornire informazioni sulle azioni per il periodo di riferimento che va da gennaio 2011 a dicembre 2015.

Lo studio non è in grado di esaminare efficacemente la relazione tra questi quattro Paesi e le tre principali variabili economiche: il tasso di cambio, il FID e il tasso di inflazione (misurato dall'indice dei prezzi al consumo).

# Sezione 04

**RISULTATI E DISCUSSIONE**

I principali Paesi SAARC e la Cina sono divisi in due gruppi: Nel primo gruppo Bangladesh, Pakistan e Sri Lanka e nel secondo gruppo India e Cina.

**4.1** PRIMO GRUPPO:

**4.1.1** BANGLADESH:

**Tabella I**

**Statistiche descrittive**

| | TASSO DI CAMBIO | INVESTIMENTI DIRETTI ESTERI | TASSO DI INFLAZIONE | DSE RITORNO |
|---|---|---|---|---|
| Media | 0.012843 | 18.63478 | 0.079727 | 8.4540 |
| Mediano | 0.012858 | 18.69812 | 0.0747 | 8.429903 |
| Massimo | 0.014055 | 19.21733 | 0.1159 | 8.920553 |
| Minimo | 0.01185 | 17.99082 | 0.0604 | 8.142906 |
| Std. Dev. | 0.00045 | 0.309986 | 0.016767 | 0.147393 |
| Skewness | 0.565428 | -0.303402 | 0.812546 | 0.805481 |
| Curtosi | 3.75939 | 2.241703 | 2.430549 | 3.953217 |
| Jarque-Bera | 4.638769 | 2.358067 | 7.41299 | 8.759559 |
| Probabilità | 0.098334 | 0.307576 | 0.024563 | 0.012528 |
| Osservazioni | 60 | 60 | 60 | 60 |

**Discussione:**

Nella Tabella I, le statistiche descrittive sono presentate da 60 osservazioni. In Bangladesh, la media del tasso di cambio (il valore medio dei dati) è pari a 0,0128 e la mediana (il valore medio dei dati) è pari a 0,0128 della variabile indipendente, ovvero il tasso di cambio, che mostra la posizione centrale dei dati e il punto centrale dei dati. Il valore più grande dei dati è 0,0140 e il valore più piccolo è 0,0118; questo valore più grande e più piccolo nei dati mostra l'intervallo del punto superiore e inferiore di tutti i valori nei dati. Il valore della deviazione standard è di 0,0004 e serve a quantificare la quantità di variazione o dispersione di un insieme di valori di dati. La skewness di questi dati è 0,5654, che è un valore di skew positivo, quindi la sua distribuzione è verso destra, avendo valori estremi sul lato destro la distribuzione è moderatamente skewed. Il valore di curtosi è 3,7593, maggiore di 3, e indica che la distribuzione è di tipo iptocurtico. Il valore di Jarque-Bera di 4,6387 è un test di bontà di adattamento per verificare se i dati del campione hanno la skewness e la kurtosis che corrispondono a una distribuzione normale. Il valore massimo dei dati è 19,2173 e il valore minimo è 17,9908; questo valore massimo e minimo nei dati mostra l'intervallo del punto superiore e inferiore di tutti i valori nei dati. Il valore della deviazione standard, pari a 0,3099, misura la deviazione o la dispersione di un insieme di valori di dati rispetto al valore medio. La skewness di questi dati è pari a -0,3034, che è un valore di skew negativo, quindi la sua distribuzione è orientata verso sinistra, avendo valori estremi a sinistra la distribuzione è skewed. Il valore della curtosi è 2,2417, inferiore a 3, e indica che la distribuzione è platykurtic. Il valore di Jarque-Bera 2,3580 è un test di bontà di adattamento per verificare se i dati del campione hanno una skewness e una kurtosis che corrispondono a una distribuzione normale. La media dell'inflazione (il valore medio dei dati) è 0,0797 e la mediana (il valore centrale dei dati) è 0,0747 della variabile indipendente, cioè l'inflazione, che mostra dove si trova la posizione centrale dei dati e il punto centrale dei dati. Il valore più grande dei dati è 0,1159 e il valore più piccolo è 0,0604; questo valore più grande e più piccolo nei dati mostra la gamma di punti superiori e inferiori di tutti i valori nei dati. Il valore della deviazione standard è di 0,0167 e serve a quantificare la quantità di variazione o dispersione di un insieme di valori di dati. La skewness di questi dati è pari a 0,8125, che è un valore di skew positivo, quindi la sua distribuzione è verso destra, avendo valori estremi sul lato destro la distribuzione è moderatamente skewed. Il valore della curtosi è 2,4305, inferiore a 3, e indica che la distribuzione è platticocurtica. Il valore di Jarque-Bera 7,4129 è un test di bontà dell'adattamento per verificare se i dati del campione hanno la skewness e la curtosi corrispondenti a una distribuzione normale. La media (il valore medio dei dati) di Dhaka stock exchange return è 8,4540 e la mediana (il valore medio nei dati) è 8,4299 della variabile dipendente Dhaka stock exchange return, che mostra dove si trova la posizione centrale dei dati e il punto centrale dei dati. Il valore massimo dei dati è 8,9205 e il valore minimo è 8,1429; questo valore massimo e minimo nei dati mostra l'intervallo del punto superiore e inferiore di tutti i valori nei dati. Il valore della deviazione standard è 0,1473 e misura la deviazione di un insieme di valori di dati dal valore medio. La skewness di questi dati è pari a 0,8054, che è un valore di skew positivo, quindi la sua distribuzione è verso destra, avendo valori estremi sul lato destro la distribuzione è moderatamente skewed. Il valore della curtosi è 3,9532, maggiore di 3, e indica che la distribuzione è leptocurtica. Il valore di Jarque-Bera 8,7595 è un test di bontà di adattamento per verificare se i dati del campione hanno una skewness e una kurtosis che corrispondono a una distribuzione normale.

**Table II**
**Correlazione Pairsan**

| | TASSO DI SCAMBIO | INVESTIMENTI DIRETTI ESTERI | TASSO DI INFLAZIONE | DSE RITORNO |
|---|---|---|---|---|
| TASSO DI CAMBIO | 1 | | | |
| INVESTIMENTI DIRETTI ESTERI | -0.21347767 | 1 | | |
| TASSO DI INFLAZIONE | 0.174749013 | -0.686011136 | 1 | |
| DSE RITORNO | 0.593849407 | -0.459728395 | 0.474345574 | 1 |

**Discussione:**

La Tabella II, correlazione Pairsan, mostra che il valore -0,2134 indica una debole relazione in discesa (negativa) tra tasso di cambio e IDE. La relazione tra tasso di cambio e inflazione è una relazione lineare in debole salita (positiva) di 0,1747 valori. Il valore 0,5938 mostra che esiste una moderata relazione positiva tra il tasso di cambio e il rendimento del mercato azionario di Dhaka.

Esiste una relazione lineare moderata (negativa) tra IDE e inflazione, con valori pari a -0,6860.

Esiste una debole relazione lineare in discesa (negativa), pari a -0,4597, tra gli IDE e il rendimento del mercato azionario di Dhaka.

Esiste una debole relazione lineare discendente (positiva) tra l'inflazione e il rendimento del mercato azionario di Dhaka con valori pari a 0,4743.

**Table III**
**Equazione di regressione**

| Variabile dipendente: RENDIMENTO DSE | | | | |
|---|---|---|---|---|
| Metodo: I minimi quadrati | | | | |
| Osservazioni incluse: 60 | | | | |
| Variabile | Coefficiente | Errore std. | Statistica t | Prob. |
| C | 7.556957 | 1.325053 | 5.703135 | 0.0000 |
| TASSO DI CAMBIO | 167.6414 | 31.47736 | 5.325776 | 0.0000 |
| INVESTIMENTI DIRETTI ESTERI | -0.077662 | 0.061772 | -1.257241 | 0.2139 |
| TASSO DI INFLAZIONE | 2.399347 | 1.13311 | 2.117489 | 0.0387 |
| Quadrato R | 0.508187 | Media var dipendente | | 8.454 |
| R-quadro corretto | 0.48184 | S.D. var dipendente | | 0.147393 |
| S.E. della regressione | 0.106098 | Criterio informativo di Akaike | | -1.584563 |
| Somma quadratica residua | 0.630382 | Criterio di Schwarz | | -1.44494 |
| Probabilità logica | 51.5369 | Criterio Hannan-Quinn. | | -1.529949 |
| Statistica F | 19.28817 | Durb in-W ats on stat | | 1.814374 |
| Prob(statistica F) | 0.000000 | | | |

**Discussione:**

**Valori dei coefficienti:** Tabella III, equazione di regressione: il tasso di cambio, gli investimenti diretti esteri e il tasso di inflazione sono variabili indipendenti. Il coefficiente misura il contributo marginale alle variabili indipendenti del rendimento della borsa di Dhaka, la variabile dipendente. Il valore 7,5569 è l'intercetta y del termine costante nella suddetta equazione di regressione. La relazione tra il rendimento della borsa di Dhaka e il tasso di cambio è positiva perché se l'aumento di un'unità del tasso di cambio della variabile indipendente comporta una variazione di 167,6414 unità del rendimento della borsa di Dhaka della variabile dipendente o se l'aumento dell'1% della variabile indipendente del tasso di cambio porta a una variazione del 167,6414% del rendimento della borsa di Dhaka della variabile dipendente con tutte le altre costanti.

La relazione tra IDE e rendimento della borsa di Dhaka è negativa perché se aumenta di un'unità l'IDE, la variabile indipendente, cambia di -0,0776 unità il rendimento della borsa di Dhaka, la variabile dipendente, oppure se il valore dell'IDE aumenta di un punto percentuale il rendimento della borsa di Dhaka cambierà di -0,077% a parità di altre condizioni.

La relazione tra il rendimento della borsa di Dhaka e il tasso di inflazione è positiva: se l'aumento di un'unità del tasso di inflazione della variabile indipendente comporta una variazione di 2,3993 unità del rendimento della borsa di Dhaka della variabile dipendente, ovvero se l'aumento dell'inflazione di un punto percentuale comporta una variazione del 2,3993% del rendimento della borsa di Dhaka a parità di altre condizioni.

**Errori standard:** Riporta gli errori standard "stimati" delle stime dei coefficienti e misura l'affidabilità statistica delle stime dei coefficienti; gli errori standard del tasso di cambio sono più grandi, pari a 31,47, e indicano un maggiore rumore statistico nelle stime. Gli errori standard degli investimenti diretti esteri sono 0,0617 e quelli dell'inflazione 1,1331, entrambi distribuiti normalmente.

**Statistica T:** Il rapporto T verifica la significatività individuale del coefficiente di regressione con l'aiuto del grado di libertà, secondo la seguente formula:

Grado di libertà = Numero totale di osservazioni - Numero totale di

variabili (indipendenti)

Grado di libertà = 60 - 3

Il valore T del tasso di cambio è di 5,32, quello degli IDE di -1,25 e quello dell'inflazione di 2,11. Tutti questi valori di probabilità del tasso di cambio e del tasso di inflazione sono statisticamente significativi e inferiori a 0,05, tranne quello degli IDE che è insignificante (0,21).

**Statistica F:** La statistica della frequenza di distribuzione utilizzata per valutare la significatività/insignificanza del modello. I valori di probabilità della statistica F 0,00 indicano che il modello è ben adattato e che è statisticamente significativo.

**Coefficiente di determinazione:** Il valore $R^2$ mostra che lo 0,5081% della variazione di tutte le variabili indipendenti è spiegato dalla borsa di Dhaka, la variabile dipendente. Pertanto, la relazione semi-forte tra le variabili indipendenti e la variabile dipendente nel rendimento azionario è spiegata dalla variazione delle variabili indipendenti. L'R2 aggiustato mostra che se si aggiunge una variabile indipendente rilevante nell'equazione di regressione, l'R2 si aggiusta dello 0,4818%.

**Correlazione seriale:** I risultati della statistica di Durbin-Watson mostrano che non esiste autocorrelazione tra tutte le variabili indipendenti, in quanto il valore 1,8143 è il più vicino ai 2 valori.

**4.1.2** PAKISTAN:
**Tabella IV**
**Statistiche descrittive**

| | KSE RITORNO | TASSO DI CAMBIO | INVESTIMENTI DIRETTI ESTERI | TASSO DI INFLAZIONE |
|---|---|---|---|---|
| Media | 9.92268 | 0.010339 | 19.0503 | 0.078317 |
| Mediano | 9.990943 | 0.010159 | 19.00153 | 0.0815 |
| Massimo | 10.48407 | 0.011821 | 20.69615 | 0.1390 |
| Minimo | 9.312046 | 0.009226 | 18.42233 | 0.0130 |
| Std. Dev. | 0.407926 | 0.000749 | 0.39555 | 0.034593 |
| Skewness | -0.121256 | 0.609938 | 2.102246 | -0.274622 |
| Curtosi | 1.446991 | 2.114014 | 8.87086 | 2.098091 |
| Jarque-Bera | 6.176624 | 5.682669 | 130.3619 | 2.787775 |
| Probabilità | 0.045579 | 0.058348 | 0 | 0.248109 |
| Osservazioni | 60 | 60 | 60 | 60 |

**Discussione:**

Nella Tabella IV, le statistiche descrittive sono presentate da 60 osservazioni. In Pakistan, la media (il valore medio dei dati) del rendimento della borsa di Karachi è 9,9226 e la mediana (il valore intermedio dei dati) è 9,9909 della variabile dipendente, ovvero la borsa di Karachi, che mostra la posizione centrale dei dati e il punto centrale dei dati. Il valore più grande dei dati è 10,4840 e il valore più piccolo è 9,3120; questo valore più grande e più piccolo dei dati mostra l'intervallo del punto più alto e più basso di tutti i valori nei dati. Il valore della deviazione standard è pari a 0,4079 e serve a quantificare la quantità di variazione o dispersione di un insieme di valori di dati. La skewness di questi dati è pari a -0,1212, che è un valore di skew negativo, quindi la sua distribuzione è verso sinistra, avendo valori estremi sul lato sinistro la distribuzione è moderatamente skewed. Il valore della curtosi è 1,4469, inferiore a 3, e indica che la distribuzione è platticocurtica. Il valore di Jarque-Bera 6,1766 è un test di bontà dell'adattamento per stabilire se i dati del campione hanno la skewness e la kurtosis corrispondenti a una distribuzione normale.

La media del tasso di cambio (il valore medio dei dati) è 0,0103 e la mediana (il valore intermedio dei dati) è 0,0101 della variabile indipendente, ossia il tasso di cambio, che mostra la posizione centrale dei dati e il punto centrale dei dati. Il valore massimo dei dati è 0,0118 e il valore minimo è 0,0092; questo valore massimo e minimo nei dati mostra l'intervallo del punto superiore e inferiore di tutti i valori nei dati. Il valore della deviazione standard, pari a 0,0007, misura la deviazione o la dispersione di un insieme di valori di dati rispetto al valore medio. La skewness di questi dati è 0,6099, che è un valore di skew positivo, quindi la sua distribuzione è orientata verso destra, avendo valori estremi sul lato destro la distribuzione è skewed. Il valore della curtosi è 2,1140, inferiore a 3, e indica che la distribuzione è platykurtic. Il valore di Jarque-Bera 5,6826 è un test di bontà di adattamento per verificare se i dati del campione hanno una skewness e una kurtosis che corrispondono a una distribuzione normale.

La media dell'IDE (il valore medio dei dati) è 19,0503 e la mediana (il valore medio dei dati) è 19,0015 della variabile indipendente IDE, che mostra la posizione centrale dei dati e il loro punto centrale. Il valore più grande dei dati è 20,6961 e il valore più piccolo è 18,4223; questo valore più grande e più piccolo dei dati mostra la gamma dei punti più alti e più bassi di tutti i valori dei dati. Il valore della deviazione standard è di 0,3955 e serve a quantificare la quantità di variazione o dispersione di un insieme di valori di dati. La skewness di questi dati è 2,1022, che è un valore di skew positivo, quindi la sua distribuzione è verso destra, avendo valori estremi sul lato destro la distribuzione è moderatamente skewed. Il valore della curtosi è 8,8708, maggiore di 3, e indica che la distribuzione è leptocurtica. Il valore di Jarque-Bera 130,3619 è un test moderato e di bontà di adattamento per verificare se i dati del campione hanno una skewness e una kurtosis corrispondenti a una distribuzione normale. La media dell'inflazione (il valore medio dei dati) è 0,0783 e la mediana (il valore intermedio dei dati) è 0,0815 della variabile indipendente, ovvero l'inflazione, che mostra la posizione centrale dei dati e il loro punto centrale. Il valore massimo dei dati è 0,1390 e il valore minimo è 0,0130; questo valore massimo e minimo nei dati mostra l'intervallo del punto superiore e inferiore di tutti i valori nei dati. Il valore della deviazione standard è 0,0345 e misura la deviazione di un insieme di valori di dati dal valore medio. La skewness di questi dati è - 0,2746 che è un valore di skew negativo, quindi la sua distribuzione è verso sinistra, avendo valori estremi a sinistra la distribuzione è moderatamente skewed. Il valore della curtosi è 2,0980, inferiore a 3, e indica che la distribuzione è platticocurtica. Il valore di Jarque-Bera 2,7877 è un test di bontà di adattamento per verificare se i dati del campione hanno una skewness e una kurtosis che corrispondono a una distribuzione normale.

**Tabella V**
**Correlazione Pairsan**

| | KSE RITORNO | TASSO EXCHANGE | INVESTIMENTI DIRETTI ESTERI | TASSO DI INFLAZIONE |
|---|---|---|---|---|
| KSE RITORNO | 1 | | | |
| TASSO DI CAMBIO | -0.8727412 | 1 | | |
| INVESTIMENTI DIRETTI ESTERI | 0.113722849 | -0.06137314 | 1 | |
| TASSO DI INFLAZIONE | -0.83501357 | 0.746875341 | -0.048195326 | 1 |

**Discussione:**

Nella Tabella V, la correlazione Pairsan mostra un valore di -0,8727 che indica una forte relazione (negativa) tra il rendimento del KSE e il tasso di cambio. Le relazioni tra il rendimento del KSE e gli IDE sono una debole relazione lineare in salita (positiva) di 0,1137 valori. Il valore -0,8350 mostra una forte relazione negativa tra il rendimento del KSE e l'inflazione.

Esiste una relazione lineare minima (negativa) tra il tasso di cambio e gli IDE con valori pari a -0,0613. Esiste una forte relazione lineare (positiva), pari a -0,7468, tra il tasso di cambio e l'inflazione.

Esiste una relazione lineare debolmente discendente (negativa) tra IDE e inflazione con valori pari a -0,0481.

**Tabella VI**
**Equazione di regressione**

| Variabile dipendente: KSE RETURN | | | | |
|---|---|---|---|---|
| Metodo: I minimi quadrati | | | | |
| Osservazioni incluse: 60 | | | | |
| **Variabile** | **Coefficiente** | **Standard. Errore** | **Statistica t** | **Prob.** |
| C | 12.2905 | 1.138453 | 10.79579 | 0.0000 |
| TASSO DI CAMBIO | -304.9161 | 43.65835 | -6.984142 | 0.0000 |
| INVESTIMENTI DIRETTI ESTERI | 0.061267 | 0.055042 | 1.113091 | 0.2704 |
| TASSO DI INFLAZIONE | -4.881537 | 0.944696 | -5.167311 | 0.0000 |
| Quadrato R | 0.841083 | Media var dipendente | | 9.92268 |
| R-quadro corretto | 0.832569 | S.D. var dipendente | | 0.407926 |
| S.E. della regressione | 0.166916 | Criterio informativo di Akaike | | -0.678307 |
| Somma quadratica residua | 1.560221 | Criterio di Schwarz | | -0.538684 |
| Probabilità logica | 24.3492 | Criterio Hannan-Quinn. | | -0.623693 |
| Statistica F | 98.79486 | Durb in-W ats on stat | | 1.300893 |
| Prob(statistica F) | 0.000000 | | | |

**Discussione:**

**Valori dei coefficienti:** Tabella VI, equazione di regressione: il tasso di cambio, gli IDE e l'inflazione sono variabili indipendenti. Il coefficiente misura il contributo marginale delle variabili indipendenti al rendimento del KSE, la variabile dipendente. Il valore 12,2905 è l'intercetta y del termine costante nella precedente equazione di regressione. La relazione tra il rendimento del KSE e il tasso di cambio è negativa perché se l'aumento di un'unità del tasso di cambio della variabile indipendente comporta una variazione di -304,9161 unità del rendimento della borsa di Karachi della variabile dipendente o se l'aumento di un punto percentuale della variabile indipendente del tasso di cambio porta a una variazione di -304,9161% del rendimento del KSE della variabile dipendente con tutte le altre costanti.

La relazione tra IDE e rendimento del KSE è positiva perché se l'aumento di un'unità dell'IDE è la variabile indipendente, la variazione di 0,0612 unità del rendimento del KSE è la variabile dipendente, ovvero se il valore dell'IDE aumenta di un punto percentuale, il rendimento del KSE cambierà dello 0,0612% a parità di altre condizioni.

La relazione tra il KSE e l'inflazione è negativa, perché se l'aumento di un'unità dell'inflazione, la variabile indipendente, comporta una variazione di -4,8815 unità del KSE, la variabile dipendente, oppure se l'aumento dell'inflazione di un punto percentuale porta a una variazione del

KSE di -4,8815% a parità di altre condizioni.

**Errori standard:** Riporta gli errori standard "stimati" delle stime dei coefficienti e misura l'affidabilità statistica delle stime dei coefficienti; gli errori standard del tasso di cambio sono più grandi, 43,6583, e indicano un maggiore rumore statistico nelle stime. Gli errori standard degli IDE sono 0,0550 e quelli dell'inflazione 0,9446, entrambi distribuiti normalmente.

**Statistica T:** Il rapporto T verifica la significatività individuale del coefficiente di regressione con l'aiuto del grado di libertà, secondo la seguente formula:

Grado di libertà = Numero totale di osservazioni - Numero totale di variabili (indipendenti)

Grado di libertà = 60 - 3

Il valore T del tasso di cambio -6,98, degli IDE 1,11 e dell'inflazione -5,16. Tutti questi valori di probabilità del tasso di cambio e dell'inflazione sono significativi dal punto di vista statistico e sono inferiori a 0,05, tranne gli IDE che non sono significativi (0,2704).

**Statistica F:** La statistica della frequenza di distribuzione utilizzata per valutare la significatività/insignificanza del modello. I valori di probabilità della statistica F 0,00 indicano che il modello è ben adattato e che è statisticamente significativo.

**Coefficiente di determinazione:** Il valore $R^2$ mostra che lo 0,8410% della variazione di tutte le variabili indipendenti è spiegato dal KSE, la variabile dipendente. Pertanto, la forte relazione tra le variabili indipendenti e la variabile dipendente nel rendimento azionario è spiegata dalla variazione delle variabili indipendenti. L'R2 aggiustato mostra che se si aggiunge una variabile indipendente rilevante nell'equazione di regressione, l'R2 si aggiusta dello 0,8325%.

**Correlazione seriale:** I risultati della statistica di Durbin-Watson mostrano che non esiste autocorrelazione tra tutte le variabili indipendenti, in quanto il valore di 1,3008 è prossimo a 2.

**4.1.3** SRI LANKA:
**Tabella VII**
**Statistiche descrittive**

| | CSE RITORNO | TASSO DI CAMBIO | INVESTIMENTI DIRETTI ESTERI | TASSO DI INFLAZIONE |
|---|---|---|---|---|
| Media | 8.755361 | 0.007915 | 18.05582 | 0.050867 |
| Mediano | 8.746922 | 0.007669 | 18.07664 | 0.0530 |
| Massimo | 8.961617 | 0.009141 | 18.7497 | 0.0980 |
| Minimo | 8.483047 | 0.006961 | 17.30807 | -0.0030 |
| Std. Dev. | 0.120998 | 0.000622 | 0.3256 | 0.030177 |
| Skewness | -0.343477 | 1.009343 | -0.275662 | -0.195125 |
| Curtosi | 2.096953 | 2.731231 | 2.787345 | 2.027966 |
| Jarque-Bera | 3.218502 | 10.36833 | 0.872953 | 2.742862 |
| Probabilità | 0.200037 | 0.005605 | 0.64631 | 0.253744 |
| Osservazioni | 60 | 60 | 60 | 60 |

**Discussione:**

La tabella VII presenta le statistiche descrittive di 60 osservazioni. In Sri Lanka, la media (il valore medio dei dati) di Colombo Stock Exchange Return è 8,7553 e la mediana (il valore medio dei dati) è 8,7469 della variabile dipendente, ovvero Colombo Stock Exchange Return, che mostra la posizione centrale dei dati e il loro punto centrale. Il valore più grande dei dati è 8,9616 e il valore più piccolo è 8,4830; questo valore più grande e più piccolo nei dati mostra la gamma di punti superiori e inferiori di tutti i valori nei dati. Il valore della deviazione standard è pari a 0,1209 e serve a quantificare la quantità di variazione o dispersione di un insieme di valori di dati. La skewness di questi dati è pari a -0,3434, che è un valore di skew negativo, quindi la sua distribuzione è verso sinistra, avendo valori estremi sul lato sinistro la distribuzione è moderatamente skewed. Il valore della curtosi è 2,0969, inferiore a 3, e indica che la distribuzione è platticocurtica. Il valore di Jarque-Bera 3,2185 è un test di bontà dell'adattamento per verificare se i dati del campione hanno la skewness e la kurtosis corrispondenti a una distribuzione normale.

La media del tasso di cambio (il valore medio dei dati) è 0,0079 e la mediana (il valore intermedio dei dati) è 0,0076 della variabile indipendente, ossia il tasso di cambio, che mostra la posizione centrale dei dati e il punto centrale dei dati. Il valore massimo dei dati è 0,0091 e il valore minimo è 0,0069; questo valore massimo e minimo nei dati mostra l'intervallo del punto superiore e inferiore di tutti i valori nei dati. Il valore della deviazione standard, pari a 0,0006, misura la deviazione o la dispersione di un insieme di valori di dati rispetto al valore medio. La skewness di questi dati è 1,0093, che è un valore di skew positivo, quindi la sua distribuzione è orientata verso destra, avendo valori estremi sul lato destro la distribuzione è skewed. Il valore della curtosi è 2,7312, inferiore a 3, e indica che la distribuzione è platticocurtica. Il valore di Jarque-Bera 10,3683 è un test di bontà di adattamento per verificare se i dati del campione hanno una skewness e una kurtosis che corrispondono a una distribuzione normale.

La media dell'IDE (il valore medio dei dati) è 18,0558 e la mediana (il valore medio dei dati) è 18,0766 della variabile indipendente IDE, che mostra la posizione centrale dei dati e il loro punto centrale. Il valore più grande dei dati è 18,7497 e il valore più piccolo è 17,3080; questo valore più grande e più piccolo dei dati mostra l'intervallo del punto più alto e più basso di tutti i valori nei dati. Il valore della deviazione standard è di 0,3256 e serve a quantificare la quantità di variazione o dispersione di un insieme di valori di dati. La skewness di questi dati è pari a -0,2756, che è un valore di skew negativo, quindi la sua distribuzione è orientata a sinistra, avendo valori estremi a sinistra la distribuzione è skewed. Il valore della curtosi è 2,7873, inferiore a 3, e indica che la distribuzione è platticocurtica. Il valore di Jarque-Bera 0,8729 è un test di bontà dell'adattamento per verificare se i dati del campione hanno la skewness e la kurtosis corrispondenti a una distribuzione normale.

La media dell'inflazione (il valore medio dei dati) è 0,0508 e la mediana (il valore intermedio dei dati) è 0,0530 della variabile indipendente, cioè l'inflazione, che mostra la posizione centrale dei dati e il punto centrale dei dati. Il valore massimo dei dati è 0,0980 e il valore minimo è -0,0030; questo valore massimo e minimo nei dati mostra l'intervallo del punto superiore e inferiore di tutti i valori nei dati. Il valore della deviazione standard è 0,0301 e misura la deviazione di un insieme di valori di dati dal valore medio. La skewness di questi dati è - 0,1951, che è un valore di skew negativo, quindi la sua distribuzione è a sinistra, avendo valori estremi a sinistra la distribuzione è skewed. Il valore della curtosi è 2,0279, inferiore a 3, e indica che la distribuzione è di tipo platykurtic. Il valore di Jarque-Bera 2,7428 è un test di bontà di adattamento per verificare se i dati del campione hanno una skewness e una kurtosis che corrispondono a una distribuzione normale.

**Tabella VIII**
**Correlazione Pairsan**

| | CSE RITORNO | TASSO DI CAMBIO | INVESTIMENTI DIRETTI ESTERI | TASSO DI INFLAZIONE |
|---|---|---|---|---|
| CSE RITORNO | 1 | | | |
| TASSO DI CAMBIO | 0.176992437 | 1 | | |
| INVESTIMENTI DIRETTI ESTERI | -0.49256263 | 0.320764223 | 1 | |
| TASSO DI INFLAZIONE | -0.55488047 | 0.389415017 | 0.57573718 | 1 |

**Discussione:**

La Tabella VIII, correlazione Pairsan, mostra il valore 0,1769 di una debole relazione in salita (positiva) tra il rendimento della borsa di Colombo e il tasso di cambio. La relazione tra il rendimento della borsa di Colombo e gli IDE è una relazione lineare in debole discesa (negativa) di -0,4925 valori. Il valore -0,5548 mostra che esiste una moderata relazione negativa tra il rendimento della borsa di Colombo e l'inflazione.

Esiste una debole relazione lineare in salita (positiva) tra il tasso di cambio e gli IDE con valori pari a 0,3207. Esiste una debole relazione lineare in salita (positiva) di - 0,3894 tra il tasso di cambio e l'inflazione.

Esiste una relazione lineare moderatamente ascendente (positiva) tra IDE e tasso d'inflazione con valori pari a 0,5757.

**Tabella IX**
**Equazione di regressione**

| Variabile dipendente: |
| --- |
| RENDIMENTO CSE |
| Metodo: I minimi quadrati |
| Osservazioni incluse: 60 |

| Variabile | Coefficiente | Standard. Errore | Statistica t | Prob. |
| --- | --- | --- | --- | --- |
| C | 10.32146 | 0.714903 | 14.43758 | 0.000 |
| TASSO DI CAMBIO | 97.39376 | 18.81565 | 5.17621 | 0.000 |
| INVESTIMENTI DIRETTI ESTERI | -0.123114 | 0.040521 | -3.038246 | 0.0036 |
| TASSO DI INFLAZIONE | -2.242421 | 0.449608 | -4.987509 | 0.0000 |
| Quadrato R | 0.562184 | Media var dipendente | | 8.755361 |
| R-quadro corretto | 0.53873 | S.D. var dipendente | | 0.120998 |
| S.E. della regressione | 0.082178 | Criterio informativo di Akaike | | -2.095519 |
| Somma quadratica residua | 0.37818 | Criterio di Schwarz | | -1.955896 |
| Probabilità logica | 66.86557 | Criterio Hannan-Quinn. | | -2.040905 |
| Statistica F | 23.9692 | Statistica Durbin-Watson | | 1.450881 |
| Prob(statistica F) | 0.000000 | | | |

**Discussione:**

**Valori dei coefficienti:** Tabella IX, equazione di regressione: il tasso di cambio, gli IDE e l'inflazione sono variabili indipendenti. Il coefficiente misura il contributo marginale delle variabili indipendenti al rendimento della Borsa di Colombo, la variabile dipendente. Il valore 10,3214 è l'intercetta y del termine costante nell'equazione di regressione di cui sopra. La relazione tra il rendimento della borsa di Colombo e il tasso di cambio è positiva perché se aumenta di un'unità il tasso di cambio, la variabile indipendente cambia di 97,3937 unità il rendimento della borsa di Colombo, la variabile dipendente, oppure se l'aumento di un punto percentuale della variabile indipendente del tasso di cambio porta a una variazione del 97,3937% del rendimento della borsa di Colombo, la variabile dipendente, con tutte le altre costanti.1231 unità di variazione nella borsa di Colombo la variabile dipendente o se il valore di IDE aumenta di un punto percentuale il rendimento della borsa di Colombo cambierà -0,1231% con tutti gli altri costanti.La relazione tra la borsa di Colombo e l'inflazione è negativa perché se aumenta di un'unità l'inflazione la variabile indipendente che -2,2424 unità di variazioni nel rendimento della borsa di Colombo la variabile dipendente o se l'aumento di un punto percentuale del tasso di inflazione porta a un -2,2424% di variazioni nel rendimento della borsa di Colombo con tutti gli altri costanti.

**Errori standard:** Riporta gli errori standard "stimati" delle stime dei coefficienti e misura l'affidabilità statistica delle stime dei coefficienti; gli errori standard del tasso di cambio sono più grandi, pari a 18,8156, e indicano un maggiore rumore statistico nelle stime. Gli errori standard degli IDE sono 0,0405 e quelli dell'inflazione 0,4496, entrambi distribuiti normalmente.

**Statistica T:** Il rapporto T verifica la significatività individuale del coefficiente di regressione con l'aiuto del grado di libertà, secondo la seguente formula:

Grado di libertà = Numero totale di osservazioni - Numero totale di

variabili (indipendenti)

Grado di libertà = 60 - 3

Il valore T del tasso di cambio è 5,1762, quello degli IDE -3,0382 e quello dell'inflazione -4,9875; tutti questi valori di probabilità del tasso di cambio, degli IDE e dell'inflazione sono statisticamente significativi e inferiori a 0,05.

**Statistica F:** La statistica della frequenza di distribuzione utilizzata per valutare la significatività/insignificanza del modello. I valori di probabilità della statistica F 0,00 indicano che il modello è ben adattato e che è statisticamente significativo.

**Coefficiente di determinazione:** Il valore $R^2$ mostra che lo 0,5621% della variazione di tutte le variabili indipendenti è spiegato dal rendimento della Borsa di Colombo, la variabile dipendente. Pertanto, la relazione semi-forte tra le variabili indipendenti e la variabile dipendente nel rendimento azionario è spiegata dalla variazione delle variabili indipendenti. L'R2 aggiustato mostra che se si aggiunge una variabile indipendente rilevante nell'equazione di regressione, l'R2 si aggiusta dello 0,5387%.

**Correlazione seriale:** I risultati della statistica di Durbin-Watson mostrano che non esiste autocorrelazione tra tutte le variabili indipendenti, in quanto il valore 1,4508 è il più vicino ai 2 valori.

**4.2** Secondo gruppo:

**4.2.1** India:

**Tabella X**

**Statistiche descrittive**

| | RITORNO BSE | TASSO DI CAMBIO | INVESTIMENTI DIRETTI ESTERI | TASSO DI INFLAZIONE |
|---|---|---|---|---|
| Media | 9.95828 | 0.017814 | 21.45834 | 0.082687 |
| Mediano | 9.87687 | 0.016845 | 21.42239 | 0.08685 |
| Massimo | 10.28261 | 0.022647 | 22.45598 | 0.1206 |
| Minimo | 9.645683 | 0.014967 | 20.76441 | 0.0412 |
| Std. Dev. | 0.191729 | 0.002277 | 0.454235 | 0.021475 |
| Skewness | 0.357043 | 0.779542 | 0.372631 | -0.114911 |
| Curtosi | 1.677394 | 2.461388 | 2.264007 | 1.858257 |
| Jarque-Bera | 5.648019 | 6.802107 | 2.742752 | 3.390987 |
| Probabilità | 0.059367 | 0.033338 | 0.253758 | 0.183509 |
| Osservazioni | 60 | 60 | 60 | 60 |

**Discussione:**

Nella Tabella X, le statistiche descrittive sono presentate per 60 osservazioni. In India, la media (il valore medio dei dati) del rendimento della borsa di Bombay è 9,9582 e la mediana (il valore intermedio dei dati) è 9,8768 della variabile dipendente, ovvero il rendimento della borsa di Bombay, che mostra la posizione centrale dei dati e il punto centrale dei dati. Il valore più grande dei dati è 10,2826 e il valore più piccolo è 9,6456; questo valore più grande e più piccolo nei dati mostra la gamma di punti superiori e inferiori di tutti i valori nei dati. Il valore della deviazione standard è di 0,1917 e serve a quantificare la quantità di variazione o dispersione di un insieme di valori di dati. La skewness di questi dati è 0,3570, che è un valore di skew positivo, quindi la sua distribuzione è orientata verso destra, avendo valori estremi sul lato destro la distribuzione è skewed. Il valore della curtosi è 1,6773, inferiore a 3, e indica che la distribuzione è platticocurtica. Il valore di Jarque-Bera 5,6480 è un test di bontà dell'adattamento per verificare se i dati del campione hanno una distribuzione normale.

La media del tasso di cambio (il valore medio dei dati) è 0,0178 e la mediana (il valore intermedio dei dati) è 0,0168 della variabile indipendente, ossia il tasso di cambio, che mostra la posizione centrale dei dati e il punto centrale dei dati. Il valore massimo dei dati è 0,0226 e il valore minimo è 0,0149; questo valore massimo e minimo nei dati mostra l'intervallo del punto superiore e inferiore di tutti i valori nei dati. Il valore della deviazione standard, pari a 0,0022, misura la deviazione o la dispersione di un insieme di valori di dati rispetto al valore medio. La skewness di questi dati è 0,7795, che è un valore di skew positivo, quindi la sua distribuzione è orientata verso destra, avendo valori estremi sul lato destro la distribuzione è skewed. Il valore della curtosi è 2,4613, inferiore a 3, e indica che la distribuzione è platykurtic. Il valore di Jarque-Bera 6,8021 è un test di bontà di adattamento per verificare se i dati del campione hanno una skewness e una kurtosis che corrispondono a una distribuzione normale.

La media dell'IDE (il valore medio dei dati) è 21,4583 e la mediana (il valore medio dei dati) è 21,4223 della variabile indipendente IDE, che mostra la posizione centrale dei dati e il loro punto centrale. Il valore più grande dei dati è 22,4559 e il valore più piccolo è 20,7644; questo valore più grande e più piccolo nei dati mostra l'intervallo del punto superiore e inferiore di tutti i valori nei dati. Il valore della deviazione standard è pari a 0,4542 e serve a quantificare la quantità di variazione o dispersione di un insieme di valori di dati. La skewness di questi dati è 0,3726, che è un valore di skew positivo, quindi la sua distribuzione è orientata verso destra, avendo valori estremi sul lato destro la distribuzione è skewed. Il valore della curtosi è 2,2640, inferiore a 3, e indica che la distribuzione è platykurtic. Il valore di Jarque-Bera 2,7427 è un test di bontà dell'adattamento per verificare se i dati del campione hanno una distribuzione normale.

La media dell'inflazione (il valore medio dei dati) è 0,0826 e la mediana (il valore intermedio dei dati) è 0,0868 della variabile indipendente, ossia l'inflazione, che mostra la posizione centrale dei dati e il loro punto centrale. Il valore massimo dei dati è 0,1206 e il valore minimo è 0,0412; questo valore massimo e minimo nei dati mostra l'intervallo del punto superiore e inferiore di tutti i valori nei dati. Il valore della deviazione standard è 0,0214 e misura la deviazione di un insieme di valori di dati dal valore medio. La skewness di questi dati è - 0,1149 che è un valore di skew negativo, quindi la sua distribuzione è a sinistra, avendo valori estremi a sinistra la distribuzione è skewed. Il valore della curtosi è 1,8582, inferiore a 3, e indica che la distribuzione è platykurtic. Il valore di Jarque-Bera 3,3909 è un test di bontà di adattamento per verificare se i dati del campione hanno una skewness e una kurtosis che corrispondono a una distribuzione normale.

**Tabella XI**
**Correlazione Pairsan**

| | RITORNO BSE | SCAMBIO TASSO | INVESTIMENTI DIRETTI ESTERI | TASSO DI INFLAZIONE |
|---|---|---|---|---|
| RITORNO BSE | 1 | | | |
| TASSO DI CAMBIO | -0.683676738 | 1 | | |
| INVESTIMENTI DIRETTI ESTERI | 0.398488585 | -0.174493804 | 1 | |
| TASSO DI INFLAZIONE | -0.703815903 | 0.36950881 | -0.373071733 | 1 |

**Discussione:**

La Tabella XI, correlazione Pairsan, mostra il valore -0,6836, una moderata relazione in salita (negativa) tra il rendimento della Borsa di Bombay e il tasso di cambio. La relazione tra il rendimento della Borsa di Bombay e gli IDE è una debole relazione lineare in salita (positiva) di 0,3984 valori. Il valore -0,7038 mostra una relazione moderata (negativa) tra il rendimento della Borsa di Bombay e il tasso di inflazione.

Esiste una debole relazione lineare in discesa (negativa) tra il tasso di cambio e gli IDE con valori pari a -0,1744. Esiste una debole relazione lineare in salita (positiva) tra il tasso di cambio e l'inflazione, pari a 0,3695.

Esiste una debole relazione lineare discendente (negativa) tra IDE e inflazione con valori pari a -0,3730.

**Tabella XII**
**Equazione di regressione**

| Variabile | Coefficiente | Errore std. | Statistica t | Prob. |
|---|---|---|---|---|
| Variabile dipendente: RENDIMENTO BSE | | | | |
| Metodo: I minimi quadrati | | | | |
| Osservazioni incluse: 60 | | | | |
| C | 9.791646 | 0.724788 | 13.50966 | 0.0000 |
| TASSO DI CAMBIO | -40.81247 | 6.419536 | -6.357541 | 0.0000 |
| INVESTIMENTI DIRETTI ESTERI | 0.057935 | 0.032234 | 1.797292 | 0.0777 |
| TASSO DI INFLAZIONE | -4.227238 | 0.722486 | -5.85096 | 0.0000 |
| Quadrato R | 0.719366 | Media var dipendente | | 9.95828 |
| R-quadro corretto | 0.704332 | S.D. var dipendente | | 0.191729 |
| S.E. della regressione | 0.104253 | Criterio informativo di Akaike | | -1.619645 |
| Somma quadratica residua | 0.608651 | Criterio di Schwarz | | -1.480022 |
| Probabilità logica | 52.58936 | Criterio Hannan-Quinn. | | -1.565031 |
| Statistica F | 47.84935 | Statistica Durbin-Watson | | 1.49596 |
| Prob(statistica F) | 0.000000 | | | |

**Discussione:**

**Valori dei coefficienti:** Tabella XII, equazione di regressione: il tasso di cambio, gli IDE e l'inflazione sono variabili indipendenti. Il coefficiente misura il contributo marginale alle variabili indipendenti del rendimento della Borsa di Bombay, la variabile dipendente. Il valore 9,7916 è l'intercetta y del termine costante nella suddetta equazione di regressione. La relazione tra il rendimento della borsa di Bombay e il tasso di cambio è negativa, perché se l'aumento di un'unità del tasso di cambio della variabile indipendente comporta una variazione di -40,8124 unità del rendimento della borsa di Bombay della variabile dipendente, oppure se l'aumento di un punto percentuale della variabile indipendente del tasso di cambio porta a un aumento del tasso di cambio della variabile dipendente.

-40,8124% variazioni del rendimento della borsa di Bombay le variabili dipendenti con tutte le altre costanti.

La relazione tra IDE e rendimento della borsa di Bombay è negativa perché se aumenta di un'unità l'IDE, la variabile indipendente, cambia di 0,0579 unità il rendimento della borsa di Bombay, la variabile dipendente, oppure se il valore dell'IDE aumenta dell'1%, il rendimento della borsa di Bombay cambierà dello 0,0579% a parità di altre condizioni.

La relazione tra il rendimento della borsa di Bombay e l'inflazione è negativa, perché se l'aumento di un'unità dell'inflazione è la variabile indipendente, la variabile dipendente subisce una variazione di 4,2272 unità, ovvero se l'aumento dell'inflazione di un punto percentuale porta a una variazione di -4,2272% nel rendimento della borsa di Bombay, a parità di altre condizioni.

**Errori standard:** Riporta gli errori standard "stimati" delle stime dei coefficienti e misura l'affidabilità statistica delle stime dei coefficienti; gli errori standard del tasso di cambio sono più grandi, pari a 6,4195, e indicano un maggiore rumore statistico nelle stime. Gli errori standard degli IDE sono 0,0322 e quelli dell'inflazione 0,7224, entrambi distribuiti normalmente.

**Statistica T:** Il rapporto T verifica la significatività individuale del coefficiente di regressione con l'aiuto del grado di libertà, secondo la seguente formula:

Grado di libertà = Numero totale di osservazioni - Numero totale di

variabili (indipendenti)

Grado di libertà = 60 - 3

Il valore T calcolato per il tasso di cambio -6,3575, gli IDE 1,7972 e l'inflazione -5,8509; tutti questi valori di probabilità del tasso di cambio e del tasso di inflazione sono statisticamente significativi e inferiori a 0,05, tranne gli IDE che sono insignificanti con un valore di 0,0777.

**Statistica F:** La statistica della frequenza di distribuzione utilizzata per valutare la significatività/insignificanza del modello. I valori di probabilità della statistica F 0,00 indicano che il modello è ben adattato e che è statisticamente significativo.

**Coefficiente di determinazione:** Il valore $R^2$ mostra che lo 0,7193% della variazione di tutte le variabili indipendenti è spiegato dalla Borsa di Bombay, la variabile dipendente. Pertanto, la forte relazione tra le variabili indipendenti e la variabile dipendente nel rendimento azionario è spiegata dalla variazione delle variabili indipendenti. L'R2 aggiustato mostra che se si aggiunge una variabile indipendente rilevante nell'equazione di regressione, l'R2 si aggiusta dello 0,7043%.

**Correlazione seriale:** I risultati della statistica di Durbin-Watson mostrano che non esiste autocorrelazione tra tutte le variabili indipendenti, in quanto il valore di 1,4959 è prossimo a 2.

**4.1.1** CINA:
**Tabella XIII**
**Statistiche descrittive**

| | TASSO DI CAMBIO | INVESTIMENTI DIRETTI ESTERI | TASSO DI INFLAZIONE | RITORNO SSE |
|---|---|---|---|---|
| Media | 0.159582 | 24.67411 | 0.028645 | 7.835439 |
| Mediano | 0.160201 | 24.9359 | 0.02365 | 7.767071 |
| Massimo | 0.165188 | 25.56169 | 0.0668 | 8.436361 |
| Minimo | 0.151476 | 22.77739 | 0.0074 | 7.590453 |
| Std. Dev. | 0.003284 | 0.74544 | 0.015462 | 0.219615 |
| Skewness | -0.509814 | -1.024958 | 1.105746 | 1.044612 |
| Curtosi | 2.62975 | 3.084451 | 3.123505 | 3.210506 |
| Jarque-Bera | 2.941819 | 10.52321 | 12.26488 | 11.02293 |
| Probabilità | 0.229716 | 0.005187 | 0.002171 | 0.00404 |
| Osservazioni | 60 | 60 | 60 | 60 |

**Discussione:**

Nella Tabella XIII, le statistiche descrittive sono presentate per 60 osservazioni. In Cina, la media del tasso di cambio (il valore medio dei dati) è pari a 0,1595 e la mediana (il valore medio dei dati) è pari a 0,1602 della variabile indipendente, ovvero il tasso di cambio, che mostra la posizione centrale dei dati e il punto centrale dei dati. Il valore più grande dei dati è 0,1651 e il valore più piccolo è 0,1514; questo valore più grande e più piccolo nei dati mostra l'intervallo del punto superiore e inferiore di tutti i valori nei dati. Il valore della deviazione standard è di 0,0032 e serve a quantificare la quantità di variazione o dispersione di un insieme di valori di dati. La skewness di questi dati è pari a -0,5098, che è un valore di skew negativo, quindi la sua distribuzione è verso sinistra, avendo valori estremi sul lato sinistro la distribuzione è moderatamente skewed. Il valore della curtosi è 2,6297, inferiore a 3, e indica che la distribuzione è platykurtic. Il valore di Jarque-Bera 2,9418 è un test di bontà dell'adattamento per verificare se i dati del campione hanno una distribuzione normale.

La media dell'IDE (il valore medio dei dati) è 24,6741 e la mediana (il valore intermedio dei dati) è 24,9359 della variabile indipendente IDE, che mostra la posizione centrale dei dati e il punto centrale dei dati. Il valore massimo dei dati è 25,5616 e il valore minimo è 22,7773; questo valore massimo e minimo nei dati mostra l'intervallo del punto superiore e inferiore di tutti i valori nei dati. Il valore della deviazione standard, pari a 0,7454, misura la deviazione o la dispersione di un insieme di valori di dati rispetto al valore medio. La skewness di questi dati è -1,0249, ovvero un valore di skew negativo, quindi la sua distribuzione è orientata a sinistra, avendo valori estremi a sinistra la distribuzione è skewed. Il valore della curtosi è 3,0844, maggiore di 3, che indica una distribuzione leptocurtica. Il valore di Jarque-Bera 10,5232 è un test di bontà di adattamento per verificare se i dati del campione hanno una skewness e una kurtosis che corrispondono a una distribuzione normale.

La media dell'inflazione (il valore medio dei dati) è 0,0286 e la mediana (il valore intermedio dei dati) è 0,0236 della variabile indipendente, cioè l'inflazione, che mostra la posizione centrale dei dati e il punto centrale dei dati. Il valore più grande dei dati è 0,0668 e il valore più piccolo è 0,0074; questo valore più grande e più piccolo nei dati mostra l'intervallo del punto superiore e inferiore di tutti i valori nei dati. Il valore della deviazione standard è di 0,0154 e serve a quantificare la quantità di variazione o dispersione di un insieme di valori di dati. La skewness di questi dati è pari a 1,1057, che è un valore di skew positivo, quindi la sua distribuzione è verso destra, avendo valori estremi sul lato destro la distribuzione è moderatamente skewed. Il valore della curtosi è 3,1235, maggiore di 3, che indica una distribuzione leptocurtica. Il valore di Jarque-Bera 12,2648 è un test di bontà dell'adattamento per verificare se i dati del campione hanno la skewness e la kurtosis corrispondenti a una distribuzione normale.

La media (il valore medio dei dati) di Chinghai Stock Exchange Return è 7,8354 e la mediana (il valore medio dei dati) è 7,7670 della variabile dipendente Chinghai Stock Exchange Return, che mostra la posizione centrale dei dati e il punto centrale dei dati. Il valore massimo dei dati è 8,4363 e il valore minimo è 7,5904; questo valore massimo e minimo nei dati mostra l'intervallo del punto superiore e inferiore di tutti i valori nei dati. Il valore della deviazione standard è 0,2196 e misura la deviazione di un insieme di valori di dati dal valore medio. La skewness di questi dati è pari a 1,0446, che è un valore di skew positivo, quindi la sua distribuzione è verso destra, avendo valori estremi sul lato destro la distribuzione è moderatamente skewed. Il valore della curtosi è 3,2105, maggiore di 3, e indica che la distribuzione è leptocurtica. Il valore di Jarque-Bera 11,0229 è un test di bontà di adattamento per verificare se i dati del campione hanno una skewness e una kurtosis che corrispondono a una distribuzione normale.

**Tabella XIV**
**Correlazione Pairsan**

| | TASSO DI CAMBIO | INVESTIMENTI DIRETTI ESTERI | TASSO DI INFLAZIONE | RITORNO SSE |
|---|---|---|---|---|
| TASSO DI CAMBIO | 1 | | | |
| INVESTIMENTI DIRETTI ESTERI | 0.176572383 | 1 | | |
| TASSO DI INFLAZIONE | -0.579364145 | -0.132392054 | 1 | |
| RITORNO SSE | -0.2952944 | -0.008145576 | -0.14038504 | 1 |

**Discussione:**

Nella Tabella XIV, la correlazione Pairsan mostra il valore 0,1765, una debole relazione in salita (positiva) tra tasso di cambio e IDE. La relazione tra tasso di cambio e inflazione è una relazione lineare moderata (negativa) con valori pari a -0,5793. Il valore -0,2952 mostra una debole relazione in discesa (negativa) tra il tasso di cambio e il rendimento del mercato azionario di Chinghai.

Esiste una debole relazione lineare in discesa (negativa) tra IDE e inflazione con valori pari a -0,1323. Non esiste alcuna relazione lineare (negativa), pari a -0,0081, tra gli IDE e il rendimento del mercato azionario di Chinghai.

Esiste una debole relazione lineare discendente (positiva) tra l'inflazione e il rendimento del mercato azionario di Chinghai con valori pari a -0,1403.

**Tabella XV**
**Equazione di regressione**

| Variabile | Coefficiente | Errore std. | Statistica t | Prob. |
|---|---|---|---|---|
| Variabile dipendente: RITORNO SSE | | | | |
| Metodo: I minimi quadrati | | | | |
| Osservazioni incluse: 60 | | | | |
| C | 13.90094 | 1.705537 | 8.150477 | 0.0000 |
| TASSO DI CAMBIO | -38.2241 | 9.669341 | -3.953124 | 0.0002 |
| INVESTIMENTI DIRETTI ESTERI | 0.009101 | 0.035028 | 0.259827 | 0.7959 |
| TASSO DI INFLAZIONE | -6.639113 | 2.039259 | -3.25565 | 0.0019 |
| | | | | |
| Quadrato R | 0.234151 | Media var dipendente | | 7.835439 |
| R-quadro corretto | 0.193123 | S.D. var dipendente | | 0.219615 |
| S.E. della regressione | 0.197272 | Criterio informativo di Akaike | | -0.344125 |
| Somma quadratica residua | 2.179313 | Criterio di Schwarz | | -0.204502 |
| Probabilità logica | 14.32374 | Criterio Hannan-Quinn. | | -0.28951 |
| Statistica F | 5.707148 | Statistica Durbin-Watson | | 1.20318 |
| Prob(statistica F) | 0.001759 | | | |

**Discussione:**

**Valori dei coefficienti:** Tabella XV, equazione di regressione: il tasso di cambio, gli IDE e l'inflazione sono variabili indipendenti e il coefficiente misura il contributo marginale alle variabili indipendenti del rendimento della borsa di Chinghai, la variabile dipendente. Il valore 13,9009 è l'intercetta y del termine costante nell'equazione di regressione di cui sopra. La relazione tra il rendimento della borsa di Chinghai e il tasso di cambio è negativa perché se l'aumento di un'unità del tasso di cambio della variabile indipendente comporta una variazione di -38,2241 unità del rendimento della borsa di Chinghai della variabile dipendente o se l'aumento di un punto percentuale della variabile indipendente del tasso di cambio porta a una variazione di -38,2241% del rendimento della borsa di Chinghai della variabile dipendente con tutte le altre costanti.

La relazione tra IDE e rendimento della borsa di Chinghai è positiva perché se l'aumento di un'unità dell'IDE è la variabile indipendente, la variazione di 0,0091 unità del rendimento della borsa di Chinghai è la variabile dipendente, ovvero se il valore dell'IDE aumenta dell'1%, il rendimento della borsa di Chinghai cambierà dello 0,0091% a parità di altre condizioni.

La relazione tra il rendimento della borsa di Chinghai e l'inflazione è negativa, perché se l'aumento di un'unità dell'inflazione, la variabile indipendente, comporta una variazione di -6,6391 unità del rendimento della borsa di Chinghai, la variabile dipendente, oppure se l'aumento dell'inflazione di un punto percentuale porta a una variazione di -6,6391% del rendimento della borsa di Chinghai, a parità di altre condizioni.

**Errori standard:** Riporta gli errori standard "stimati" delle stime dei coefficienti e misura l'affidabilità statistica delle stime dei coefficienti; gli errori standard del tasso di cambio, pari a 9,6693, sono tanto più grandi quanto maggiore è il rumore statistico nelle stime. Gli errori standard degli IDE sono 0,0350 e quelli dell'inflazione 2,0392, entrambi normalmente distribuiti.

**Statistica T:** Il rapporto T verifica la significatività individuale del coefficiente di regressione con l'aiuto del grado di libertà, secondo la seguente formula:

Grado di libertà = Numero totale di osservazioni - Numero totale di

variabili (indipendenti)

Grado di libertà = 60 - 3

I valori di T calcolati per il tasso di cambio -3,953, gli IDE 0,2598 e il tasso di inflazione -3,255, tutti questi valori di probabilità del tasso di cambio e dell'inflazione sono statisticamente significativi e inferiori a 0,05, ad eccezione degli IDE non significativi il cui valore è 0,7959.

**Statistica F:** La statistica della frequenza di distribuzione utilizzata per valutare la significatività/insignificanza del modello. I valori di probabilità della statistica F 0,0017 mostrano che il modello è ben adattato e statisticamente significativo.

**Coefficiente di determinazione:** Il valore di $R^2$ mostra che lo 0,2341% della variazione di tutte le variabili indipendenti è spiegato dalla borsa di Chinghai, la variabile dipendente. Pertanto, la relazione semi-forte tra le variabili indipendenti e la variabile dipendente nel rendimento azionario è spiegata dalla variazione delle variabili indipendenti. L'R2 aggiustato mostra che se si aggiunge una variabile indipendente rilevante nell'equazione di regressione, l'R2 si aggiusta dello 0,1931%.

**Correlazione seriale:** I risultati della statistica di Durbin-Watson mostrano che non esiste autocorrelazione tra tutte le variabili indipendenti, in quanto il valore 1,2031 è il più vicino ai 2 valori.

# Sezione 05

**CONCLUSIONI E RACCOMANDAZIONI**

## 5.1 CONCLUSIONE:

Questo studio ha preso in considerazione l'influenza delle variabili macroeconomiche sui rendimenti azionari dei principali Paesi SAARC e della Cina. L'analisi ha incluso tre variabili indipendenti relative agli ultimi cinque anni e questi Paesi sono stati suddivisi in due gruppi: il primo Bangladesh, Pakistan e Sri Lanka e il secondo India e Cina.

Nel primo gruppo, i tassi di cambio hanno un'influenza significativa (positiva) sulla borsa di Dhaka, in Bangladesh, e sulla borsa di Colombo, in Sri Lanka, mentre in Pakistan hanno un'influenza significativa (negativa) sul rendimento del KSE. Il motivo è che dal 2011 i tassi di cambio sono stabili in Bangladesh rispetto ad altri Paesi della regione, mentre in Sri Lanka il governo ha diminuito il valore della valuta per incoraggiare gli investitori e in Pakistan si è verificato un calo artificiale da parte del nuovo governo eletto.

Gli IDE hanno un'influenza (negativa) non significativa sul rendimento della borsa di Dhaka, in Bangladesh. In Pakistan gli IDE hanno un'influenza (positiva) non significativa sul rendimento del KSE, mentre in Sri Lanka hanno un'influenza (negativa) significativa sul rendimento della borsa di Colombo. Le cause sono da ricercare nel migliore ambiente fornito agli investitori stranieri da un governo politico forte ed eletto, in Pakistan nell'usabilità politica e nello Sri Lanka nel declino degli investimenti stranieri a causa delle politiche settimanali del governo.

L'inflazione ha un'influenza (positiva) significativa sul rendimento della borsa di Dhaka, in Bangladesh. In Pakistan e Sri Lanka l'inflazione ha un'influenza (negativa) significativa sul rendimento del KSE e della borsa di Colombo. Il calo dei prezzi delle materie prime internazionali (petrolio e oro) ha avuto un buon impatto sui Paesi emergenti importatori come Bangladesh, Pakistan e Sri Lanka, ma i governi di Pakistan e Sri Lanka non hanno trasferito questi benefici al pubblico in generale per ridurre/controllare il loro deficit di bilancio.

Complessivamente, nel primo gruppo le stesse condizioni economiche (riserve estere, sistema di controllo finanziario, ecc.) e la stessa natura del capitalismo delle economie emergenti hanno un valore $R^2$ più alto spiegato dai mercati azionari di Bangladesh, Pakistan e Sri Lanka e un modello di previsione migliore di un termine rispetto a un altro con un'idoneità di probabilità statistica. Le borse di Dhaka, Karachi e Colombo sono influenzate anche dalla borsa di Chinghai, in Cina.

Nel secondo gruppo, i tassi di cambio hanno un'influenza (negativa) significativa sul rendimento della borsa di Bombay, in India, e su quello della borsa di Chinghai, in Cina, con un valore quasi identico. Il motivo è che in India il dollaro USA è stabile grazie alla politica rigorosa del governo, mentre in Cina il tasso di cambio è quasi costante perché le esportazioni cinesi sono elevate rispetto alle importazioni e il cambio non ha influenzato positivamente i mercati dei capitali di entrambi i Paesi.

Gli IDE hanno un'influenza (positiva) non significativa sul rendimento della borsa di Bombay, in India, e su quello della borsa di Chinghai, in Cina, con differenze nominali. Le cause dell'insignificanza sono da ricercare nelle migliori agevolazioni concesse agli investitori stranieri e nella stabilità delle politiche economiche di fondo da parte dei rispettivi governi federali e statali con un forte sistema di governo politico.

L'inflazione ha un'influenza (negativa) significativa sul rendimento della borsa di Bombay, in India, e su quello della borsa di Chinghai, in Cina, con differenze nominali. Infatti, i prezzi delle materie prime del commercio internazionale si sono ridotti a causa del declino dei tassi di cambio a livello internazionale e il loro impatto negativo sui Paesi esportatori come l'India e la Cina.

Nel complesso, nel secondo gruppo, esiste una natura simile delle grandi economie (produzione interna attraverso i più grandi mercati di consumo) e condizioni economiche simili (riserve auree, riserve estere e risorse naturali) con un valore $R^2$ spiegato dai mercati azionari di India e Cina un modello di previsione migliore di un termine dall'altro con l'idoneità della sua probabilità statistica. Per l'India, la Cina è il primo partner commerciale del mondo e per la Cina l'India è il 10th primo partner commerciale del resto del mondo. La Borsa di New York (NYSE), negli Stati Uniti d'America, influenza il resto del mondo, in particolare il rendimento della Borsa di Bombay, in India, e quello della Borsa di Chinghai, in Cina.

## 5.2 Raccomandazioni:

I risultati mostrano che il tasso di cambio, gli IDE e l'inflazione sono le variabili migliori su cui il governo del Pakistan e la Banca di Stato del Pakistan devono puntare come strumenti di politica finanziaria per stabilizzare i prezzi delle azioni. I risultati di questa ricerca hanno alcune importanti implicazioni politiche:

1. Il tasso di cambio contiene alcune informazioni significative per le proiezioni della performance del mercato azionario. Pertanto, la Banca di Stato del Pakistan dovrebbe cercare di mantenere un tasso di cambio sano.

2. L'inflazione è uno dei principali fattori che influenzano i mercati azionari, pertanto la Banca di Stato del Pakistan dovrebbe cercare di controllarla attraverso i tassi di riserva.

3. Gli IDE mostrano un impatto positivo non significativo, in quanto fonte di afflusso di capitali esteri nel Paese e di creazione di posti di lavoro; pertanto il governo pakistano dovrebbe cercare di aumentare gli investimenti attraverso migliori agevolazioni agli investitori istituzionali.

4. La Securities and Exchange Commission of Pakistan dovrebbe contribuire allo sviluppo di un funzionamento efficiente e allo sviluppo della borsa pakistana.

5. Infine, l'Institute of Chartered Accountants of Pakistan (ICAP) dovrebbe cercare di comprendere una legge semplice per le piccole e medie imprese, affinché possano conferire le loro azioni nella borsa del Pakistan.

SEZIONE **06**

RIFERIMENTO

**4.1**  RIFERIMENTO:

01.Emin Zeytino Lu, Yasemin Deniz Akarim e Sibel Çelik (2012). L'impatto dei rapporti basati sul mercato sui rendimenti azionari: The Evidence from Insurance Sector in Turkey, *International Research Journal of Finance and Economics,* ISSN 1450-2887, Issue 84, pages 41-48.

02.Nadeem Sohail e Zakir Hussain (2012). Politiche macroeconomiche e rendimenti azionari in Pakistan: A Comparative Analysis of Three Stock Exchanges, *Interdisciplinary Journal of Contemporary Research in Business,* vol. 3, n. 10, pagg. 905-918.

03. Caroline Geetha, Rosle Mohidin, Vivin Vincent Chandran e Victoria Chong (2011). The relationship between inflation and stock market: evidence from Malaysia, United States and china, *International Journal of Economics and Management Sciences,* Vol. 1, No. 2, pages 01-16, ISSN: 2162-6359.

04.Sung C. Bae e Gregory J. Duvall (1996). Un'analisi empirica dei fattori di mercato e di settore nei rendimenti azionari dell'industria aerospaziale statunitense, *Journal of Financial and Strategic Decisions,* volume 9, numero 2, pagine 85-95.

05.Abdel-hameed M. Bashir (2003) .Determinanti della redditività nelle banche islamiche: alcune evidenze dal Medio Oriente, *Islamic Economic Studies,* Vol. 11, No. 1, pagine 31-57.

06.Mehr-un-Nisa, Mohammad Nishat (2011): "Le determinanti dei prezzi azionari in Pakistan" *Asian Economic and Financial Review*, Vol.1, No.4, pagine 276-291.

07.Maghyereh, Aktham (2004). Shock del prezzo del petrolio e mercati azionari emergenti: un approccio var generalizzato, *International Journal of Applied Econometrics and Quantitative Studies,* Vol.1-2, pagg. 27-40.

08.Dwi Martani, Mulyono e Rahfiani Khairurizka (2009). The effect of financial ratios, firm size, and cash flow from operating activities in the interim report to the stock return, *Chinese Business Review,* Volume 8, No. 6, (Serial No. 72), pages 44-55, ISSN 1537-1506.

09.Sunti Tirapat e Aekkachai Nittayagasetwat (1999). An Investigation of Thai Listed Firms' Financial Distress Using Macro and Micro Variables, *Multinational Finance Journal,* vol. 3, n. 2, pagg. 103-125.

10          .Mahmood Yahyazadehfar e Ahmad Babaie (2012). Variabili macroeconomiche e prezzo delle azioni: New Evidence from Iran, *Middle-East Journal of Scientific Research,* 11 (4): pagine 408-415, ISSN 1990-9233.

11          .Sheng-Yung Yang e Shuh-Chyi Doong (2004). Spillover di prezzo e volatilità tra

prezzi azionari e tassi di cambio: Empirical Evidence from the G-7 Countries, *International Journal of Business and Economics,* Vol. 3, No. 2, pagg. 139-153.

12 .Yu Hsing (2014). Impacts of Macroeconomic Factors on the Stock Market in Estonia, *Journal of Economics and Development Studies,* June 2014, Vol. 2, No. 2, pages 23-31, ISSN: 2334-2382 (Print), 2334-2390 (Online).

13 Nadeem Sohail e Zakir Hussain (2009). Relazione di lungo e breve periodo tra le variabili macroeconomiche e i prezzi delle azioni in Pakistan, il caso della borsa di Lahore, *Pakistan Economic and Social Review,* Volume 47, No. 2 (Inverno 2009), pagine 183-198.

14 Pramod Kumar Naik (2013). Il mercato azionario risponde ai fondamentali economici? Time-series Analysis from Indian Data, *Journal of Applied Economics and Business Research (JAEBR),* 3(1): pagine 34-50.

15 . Şerife Özlen (2014). Gli effetti delle determinanti macroeconomiche nazionali sui rendimenti azionari: A Sector Level Analysis, *European Journal of Economic Studies,* ISSN 2304-9669, (E)-ISSN: 2305-6282, Vol. 8, No. 2, pagine 75-84, 2014.

16 .Carlos Pinho, Mara Madaleno (2011). Sull'influenza delle aspettative sui rendimenti azionari internazionali e sulle variabili macroeconomiche, *International Review of Accounting, Banking and Finance (IRABF),* Vol. 3, No. 2, estate 2011, pagg. 67-103.

17 .Ms Pallavi Kudal (2013). Impatto delle variabili macroeconomiche sul mercato azionario indiano e sulle strategie, *Tirpude's National Journal of Business Research (TNBJR),* ISSN 2319-5576, Volume 4 Issue 1.

18 Norhafiza Nordin, Sabariah Nordin e Rusmawati Ismail (2014). L'impatto dei prezzi delle materie prime, del tasso di interesse e del tasso di cambio sulla performance del mercato azionario: un'analisi empirica della Malesia, *Malaysian Management Journal*, Vol. 18, pagg. 39-52.

19 .Izedonmi e Ibrahim Bello Abdullahi (2011). Gli effetti dei fattori macroeconomici sui rendimenti dei titoli nigeriani: A Sectoral Approach, *Global Journal of Management and Business Research*, Volume 11 Issue 7 Version 1.0.

20 .Samveg Patel (2012). The effect of Macroeconomic Determinants on the Performance of the Indian Stock Market, *NMIMS Management Review,* ISSN: 0971-1023, Volume XXII.

21 Ming-Chang Cheng, Zuwei-Ching Tzeng e Wei-Ling Kang (2011). L'impatto degli eventi non macroeconomici sul mercato elettronico di Taiwan.
I rendimenti degli indici azionari di settore, *Global Economy and Finance Journal*, Vol. 4. No.

1, pagine 80-101.

22          Yu Hsing (2013). Impatto delle variabili macroeconomiche sui titoli azionari, *Economia & Finanza*, vol. 1, n. 1, pagg. 7-16.

23          Nabila Nisha (2015). Impatto delle variabili macroeconomiche sui rendimenti azionari: Evidence from Bombay Stock Exchange (BSE), *Journal of Investment and Management*, ISSN: 2328-7713 (Print); ISSN: 2328-7721 (Online), 2015; 4(5): pages 162-170.

24          .Nikolaos Sariannidis, Grigoris Giannarakis, Nicolaos Litinas e George Konteos (2010). Esame GARCH degli effetti macroeconomici sul mercato azionario statunitense: A Distinction between the Total Market Index and the Sustainability Index, *European Research Studies*, Volume XIII, Issue (1).

25          Dr. L.K. Tripathi, Arpan Parashar e Swati Jaiswal (2014). Impact of Macroeconomic Variables on Sectoral Indices in India, *Pacific Business Review International*, volume 6, numero 12.

26          Mohd Rizal Miseman, Fathiyah Ismail, Wardiyah Ahmad, Farazida M. Akit, Rohana Mohamad e Wan Mansor W. Mahmood (2013). The Impact of Macroeconomic Forces on the ASEAN Stock Market Movements, *World Applied Sciences Journal 23 (Enhancing Emerging Market Competitiveness in the Global Economy)*, pagg. 61-66, ISSN 1818-4952.

27          Lina Tu e Li Li, D.B.A. (2013). The Impact of Macro-Economic Factors on Banking Industry Stock Return in China, *Journal of finance, investment, marketing and business management anno 3*, n. 1 (gennaio-marzo 2556).

28          .P. bhanu sireesha (2013). effect of select macro-economic variables on stock returns in india, *International Journal of Marketing, Financial Services & Management Research*, ISSN 2277- 3622, Vol.2, No. 6.

29          .Abdul Nafea Al-Zararee e Izz Eddien N. Ananzeh (2014). The Relationship between Macroeconomic Variables and Stock Market Returns : A Case of Jordan for the Period 1993-2013, *International Journal of Business and Social Science*, Vol. 5, No. 5(1); April 2014.

30          .Muhammad Arshad Haroon e Hummera Jabeen (2013). Impact of Macro-economic Variables on Share Price Behavior of Karachi Stock Exchange, *Pakistan Journal of Commerce and Social Sciences*, Vol. 7 (3), pagg. 493-504.

31          Mian Sajid Nazir, Muhammad Bilal Khalid, Adil Shakil e Syed Muhammad Moeez Ali (2010). Post Liberalization Impact of Macroeconomic Factors on the Stock Market Returns (Impatto dei fattori macroeconomici sui rendimenti del mercato azionario dopo la liberalizzazione), *Interdisciplinary Journal of Contemporary Research in Business*, Vol. 1, n. 12,

pagg. 6372.

32 .Noor Azryani Auzairy, Rubi Ahmad e Catherine S F Ho (2011). Deregulation del mercato azionario, variabili macroeconomiche e performance del mercato azionario, *International Journal of Trade, Economics and Finance,* Vol. 2, No. 6, dicembre 2011, pagine 495-500.

33 .Hamid Reza Vakili Fard, Amjad Ozma e Habibollah Dehghan (2015). Investigating the Relationship between Macroeconomic Variables and the Stock Price Index, *Journal UMP Social Sciences and Technology Management,* Vol. 3, Issue. 3, pagg. 257-265.

34 .Yu HSING (2011). Effetti delle variabili macroeconomiche sul mercato azionario: The Case of the Czech Republic, *Theoretical and Applied Economics,* Volume XVIII (2011), No. 7(560), pages 53-64.

35 .Saeed Samadi, Ozra Bayani e Meysam Ghalandari (2012). The Relationship between Macroeconomic Variables and Stock Returns in the Tehran Stock Exchange, *International Journal of Academic Research in Business and Social Sciences,* June 2012, Vol. 2, No. 6, pages 559-573, ISSN: 2222-6990.

36 Mohammadreza Monjazeb, Abdolreza Rameh e Seied Ebrahim Moosavi (2013). The Impact of Macroeconomic Variables and Tax Laws on Stock Return Rate (Case-study: Iranian Petrochemical companies), *Technical Journal of Engineering and Applied Sciences,* pagg. 36743680, ISSN 2051-0853

37 Durga Prasad Samontaray, Sultan Nugali & Bokkasam Sasidhar (2014). Uno studio dell'effetto delle variabili macroeconomiche sul mercato azionario: Saudi Perspective, *International Journal of Financial Research,* Vol. 5, No. 4; pagine 120-127.

38 Mohsen Mehrara (2006). The Relationship between Stock Market and Macroeconomic Variables: a Case Study for Iran, *Iranian Economic Review,* Vol.10. No.17, pages 137-148.

39 .Ramin Cooper Maysami, Lee Chuin Howe e Mohamad Atkin Hamzah (2004). Relazione tra variabili macroeconomiche e indici del mercato azionario: Co-integration Evidence from Stock Exchange of Singapore's All-S Sector Indices, *Journal Pengurusan,* 24(2004), pagg. 47-77.

40 .Abdillah Almutairi e Husain Alomar (2007). Determinanti macroeconomiche del comportamento della borsa del Kuwait, *Studies in Business and Economics,* vol. 13, n. 01, pagg. 39-50.

41 Asma Rafique, Amara, Muhammad Akram Naseem e Naheed Sultana (2013).

Impatto delle variabili macroeconomiche sull'indice del mercato azionario (A Caso del Pakistan), *Elixir Finance Management,* 57 (2013), pagine 1409914104.

42 .Dr. V. Ramanujam e Mrs. L.Leela (2014). L'effetto delle variabili macroeconomiche sui prezzi delle azioni nei mercati azionari emergenti: Empirical Evidence from India, *Indian journal of applied research,* Volume: 4, Issue: 6, Giugno 2014, ISSN - 2249-555X.

43 .Md. Nehal Ahmed e Mahmood Osman Imam (2007). Fattori macroeconomici e mercato azionario del Bangladesh: Impact Analysis through Cointegration Approach, *International Review of Business Research Papers,* Vol. 3 No.5 Novembre 2007, pagine 21-35.

44 .Aamir Sarwar, Muhammad Hassan Aftab, Rehan Ahmed Khan e Hamza Ahmad Qureshi (2014). Impatto dei fattori macroeconomici sull'indice azionario: un caso di studio del Pakistan, *Science International (Lahore),* Vol. 26 No 5, pagg. 2595-2601, ISSN 1013-5316.

45 .Moade Fawzi Shubita e Adel A. Al-Sharkas (2010). A study of size effect and macroeconomics factors in New-York stock exchange stock returns, *Applied Econometrics and International Development,* Vol. 10-2, pagg. 137-151.

46 .J. K. M. Kuwornu (2012). Effetto delle variabili macroeconomiche sui rendimenti del mercato azionario ghanese: A Co-integration Analysis, *Agris online Papers in Economics and Informatics,* Volume IV, Numero 2, pagine 15-26.

47 Yu Hsing (2011). Impatto delle variabili macroeconomiche sul mercato azionario in Bulgaria e implicazioni politiche, *East-West Journal of economics and Business,* Volume XIV - 2011, n. 2, pagine 41-53.

48 .Yessengali Oskenbayev, Mesut Yilmaz e Dauren Chagirov (2011). L'impatto degli indicatori macroeconomici sulla performance di borsa in Kazakistan, *African Journal of Business Management,* Vol. 5 (7), pagg. 2985-2991, ISSN 1993-8233.

49 Abdul Rafay, Farah Naz & Saman Rubab (2014). Causal relationship between macroeconomic variables: evidence from developing economy, *Journal of Contemporary Issues in Business Research,* ISSN 2305-8277 (Online), 2014, Vol. 3, No. 2, pagg. 88-99.

50 Baranidharan Subburayan e Dr. Vanitha Srinivasan (2014). Gli effetti delle variabili macroeconomiche sui rendimenti del CNX Bankex: Evidence from Indian Stock Market, *International Journal of Management & Business Studies (IJMBS),* Vol. 4, Issue 2, ISSN: 2230-9519 (Online), ISSN: 2231-2463 (Print).

51 Rakesh Kumar (2013). L'effetto dei fattori macroeconomici sulla performance del mercato azionario indiano: A Factor Analysis Approach, *IOSR Journal of Economics and*

*Finance (IOSR-JEF)*, e-ISSN: 2321-5933, p-ISSN: 2321-5925. Volume 1, numero 3, pagine 14-21.

52  Zukarnain Zakaria e Sofian Shamsuddin (2012). Empirical Evidence on the Relationship between Stock Market Volatility and Macroeconomics Volatility in Malaysia, *Journal of Business Studies,* Quarterly 2012, Vol. 4, No. 2, pages 61-71, ISSN 2152-1034.

53  Dubey, Ritesh Kumar e Sarma, I.R.S. (2013). Impact of information flow on stock market movement: event study on the dissemination of timely information in Indian economy, *ASBBS Annual Conference: Las Vegas,* volume 20, numero 1, pagine 378-387.

54  .Hamed Movahedizadeh, Annuar md Nassir, Meysam Azizi Kouchaksaraei, Mehdi Karimimalayer, Navid Samimi Sedeh e Ehsan Bagherpour (2013). L'impatto dei fattori macroeconomici sull'indice della Borsa di Teheran durante le ingiuste sanzioni economiche e petrolifere da gennaio 2006 a dicembre 2012, *Recent Advances in Economics, Management and Marketing,* pagg. 112-121, ISBN: 978-960-474-364-3.

55  .George Adu, George Marbuah, Justice Tei Mensah e Prince Boakye Frimpong (2013). Sviluppo macroeconomico e performance del mercato azionario: A Non-Parametric Approach, *Economics and Econometrics Research Institute, EERI Research Paper Series,* No 01/2013, ISSN: 2031-4892.

56  .Tobias Olweny e Kennedy Omondi (2011). L'effetto dei fattori macroeconomici sulla volatilità dei rendimenti azionari nella borsa di Nairobi, Kenya, *Economics and Finance Review,* Vol. 1(10) pagg. 34 - 48, Dicembre, 2011, ISSN: 2047 - 0401.

57  Ahmad Raza Bilal, Noraini Bt. Abu Talib, Inam Ul Haq, Mohd Noor Azli Ali Khan e Talat Islam (2012). L'impatto del terrorismo e dei fattori macroeconomici sui rendimenti: A Case Study of Karachi Stock Exchange, *World Applied Sciences Journal,* 19 (11), pagine 15751584, ISSN 1818-4952.

58  Lumengo Bonga-Bonga e Michael Makakabule (2010). Modellizzazione dei rendimenti azionari nella borsa sudafricana: A Nonlinear Approach, *European Journal of Economics,* Finance and Administrative Sciences, ISSN 1450-2275, Issue 19.

59  .Mohammad Bayezid Ali (2011). Impatto delle variabili micro e macroeconomiche sul rendimento del mercato azionario emergente: A Case on Dhaka Stock Exchange (DSE), *Interdisciplinary Journal of Research in Business,* Vol. 1, Issue. 5, pagg. 08-16.

60  .Christopher Gan, Minsoo Lee, Hua Hwa Au Yong e Jun Zhang (2006). Variabili macroeconomiche e interazioni del mercato azionario: New Zealand evidence, *Investment*

*Management and Financial Innovations,* volume 3, numero 4, pagine 90-101.

61     .R. Ratneswary V. Rasiah (2010). Attività macroeconomica e mercato azionario malese: evidenza empirica di relazioni dinamiche, *The International Journal of Business and Finance Research,* volume 4, numero 2, pagine 59-69.

62     Prof. M. Subramanian e Thanjavur (2015). A Study on Impact of macroeconomic variables in the stock market, *International Journal of Economics and Management Studies (SSRG-IJEMS)* - volume 2, numero 5, pagine 25-33, ISSN: 2393 - 9125.

63     Babayemi, A.W., Asare, B.K., Onwuka, G.I., Singh, R.V. e James, T.O. (2013). Relazione empirica tra mercati azionari e variabili macroeconomiche: Panel Co-integration Evidence from African Stock Markets, *International Journal of Engineering Science and Innovative Technology (IJESIT),* Volume 2, Issue 4, pages 394-410, ISSN: 2319-5967.

64     Bing Zhu (2012). The Effects of Macroeconomic Factors on Stock Return of Energy Sector in Shanghai Stock Market, *International Journal of Scientific and Research Publications,* Volume 2, Issue 11, ISSN 22503153.

65     Sezgin Acikalin, Rafet Aktas e Seyfettin Unal (2008). Relazioni tra mercati azionari e variabili macroeconomiche: un'analisi empirica della Borsa di Istanbul, *Investment Management and Financial Innovations,* volume 5, numero 1, pagine 08-16.

66     Onneetse L. Sikalao-Lekobane e Khaufelo Raymond Lekobane (2014). Le variabili macroeconomiche influenzano il comportamento dei prezzi del mercato azionario nazionale nei mercati emergenti? A Johansen Co-integration Approach to the Botswana Stock Market, *Journal of Economics and Behavioral Studies,* Vol. 6, No. 5, pages 363-372, (ISSN: 2220-6140).

67     .Ifuero Osad Osamwonyi e Esther Ikavbo Evbayiro-Osagie (2012). The Relationship between Macroeconomic Variables and Stock Market Index in Nigeria, *J Economics,* Vol. 3, No.1, pagg. 55-63.

68     Wen-jen Hsieh (2013). Il mercato azionario e le variabili macroeconomiche in Nuova Zelanda e le implicazioni politiche, Hsieh, *Journal of International and Global Economic Studies,* Vol. 6(2), pagg. 1-12.

69     Muhammad Khalida, Mohsin Altaf, Dr. Mohammad Majid Mehmood Bagram e Haroon Hussain (2011). Relazione di lungo periodo tra variabili macroeconomiche e rendimenti azionari: prove dall'indice 100 della borsa di Karachi (KSE), *The Journal of Commerce,* Vol. 4, No. 3, ISSN: 2218-8119, 2220-6043.

70     .Rabia Najaf, Khakan Najaf, Imran Hussain Shah & Amir Iqbal (2015). Financial

Crisis in Stock Exchanges-An Empirical Analysis of the Factors that can affect the Movement of Stock Market Index, *Global Journal of Management and Business Research,* Volume 15, Issue 10, Version 1.0, pages 55-62, Online ISSN: 2249-4588 & Print ISSN: 09755853.

71 .R Mangani (2099). Effetti macroeconomici sui singoli titoli del JSE: una rappresentazione GARCH, *Investment Analysts Journal* - No. 69 pagg. 4757.

72 .MACN. Shafana (2014). Macroeconomic Variables Effect on Financial Sector Performance in Emerging Sri Lankan Stock Market, *International Journal of Science and Research (IJSR),* Volume 3 Issue 10, pages 227231, ISSN (Online): 2319-7064.

73 .Heidar Pourrahnama e Saeed Daei-Karimzadeh (2012). The Effect of Macroeconomic Variables on the Stock Price Index of Iran's Automotive Companies, *MAGNT Research Report,* (ISSN. 1444-8939), Vol.2 (Special Issue) pages 919-927.

74 Osazee Godwin Omorokunwa e Nosakhare Ikponmwosa (2014). Variabili macroeconomiche e volatilità dei prezzi azionari in Nigeria, *Annali dell'Università di Petroşani, Economia,* 14(1), pagine 259-268.

75 Emenike Kalu O. e Odili Okwuchukwu (2014). Volatilità dei rendimenti del mercato azionario e variabili macroeconomiche in Nigeria, *International Journal of Empirical Finance,* Vol. 2, No. 2, pagine 75-82.

76 .Mohammad Faisal Rizwan e Safi Ullah Khan (2007). Volatilità dei rendimenti azionari nel mercato azionario emergente (KSE): The Relative Effects of Country and Global Factors, *International Review of Business Research Papers,* Vol.3 No.2 June 2007, Pp. 362 - 375.

77 .Jamal Esmaeili e Sajad Gholami (2013). Indagine sulla relazione tra le variabili macroeconomiche e l'indice di rendimento in contanti delle azioni nella Borsa di Teheran, *International Research Journal of Applied and Basic Sciences,* ISSN 2251-838X / Vol, 6 (1), pagine 42-52.

78 .Dr. Ahmad A. Assaf, Dr. Ibrahim M. Khrais e Dr. Ismail Y. Yamin (2014). The impact of the financial stock market changes on the variation of real estate market prices in Jordan, *International Journal of Business and Management Review,* Vol.2, No.3, pages 59-72, ISSN: 2052-6393 (Print), ISSN: 2052-6407 (Online).

79 Addy Frank Kpanie, Sampson Vivian Esumanba e Yakubu Awudu Sare (2014). Relazione tra performance del mercato azionario e variabili macroeconomiche in Ghana, *Issues in Business Management and Economics,* Vol. 2 (3), pagg. 46-53, ISSN 2350-157X.

80 Lóránd István KRÁLIK (2012). Variabili macroeconomiche ed evoluzione del mercato azionario, *Romanian Statistical Review - Trim Supplement* II / 2012, pagine 197-203.

81       .Terfa Williams Abraham (2009). Reazione del mercato azionario a selezionate variabili macroeconomiche nell'economia nigeriana, *CBN Journal of Applied Statistics*, Vol. 2 No.1, pagine 61-70.

82       Ochieng Duncan Elly e Adhiambo Eunice Oriwo (2012). The Relationship between Macro-Economic Variables and Stock Market Performance in Kenya, *DBA Africa Management Review*, Vol 3, No 1, pagg. 38-49.

83       .Khaled Hussainey e Le Khanh Ngoc (2009). The impact of macroeconomic indicators on Vietnamese stock prices, *The Journal of Risk Finance*, Emerald Group Publishing Limited 1526-5943, Vol. 10, No. 4, pagg. 321-332.

84       Dr. Chetna Parmar (2013). Relazione empirica tra diverse variabili macroeconomiche sul mercato azionario indiano, *International JournalofAdvanceResearchin Computer Science and Management Studies*, Volume 1, Numero 6, pagine 190-197, ISSN: 2321-7782 (Online).

85       .T.O. Asaolu e M.S. Ogunmuyiwa (2011). An Econometric Analysis of the Impact of Macroecomomic Variables on Stock Market Movement in Nigeria, *Asian Journal of Business Management*, vol. 3 No 1: pages 7278, ISSN: 2041-8752.

86       Alvan E. Ikokua e Chukwunonso T. Okany (2014). Le crisi economiche e finanziarie hanno influenzato la sensibilità del mercato azionario ai fattori di rischio macroeconomici? Evidence from Nigeria and South Africa, *International Journal of Business*, 19(3), pages 275-290, ISSN: 1083-4346.

87       .Josiah Aduda, Jacinta Mwelu Masila e Erick Nyakundi Onsongo (2012). Le determinanti dello sviluppo del mercato azionario: The Case for the Nairobi Stock Exchange, *International Journal of Humanities and Social Science*, Vol. 2 No. 9, pagine 214-230.

88       Kwame Mireku, Kwaku Sarkodie e Kwasi Poku (2013). Effetto dei fattori macroeconomici sui prezzi delle azioni in Ghana: A Vector Error Correction Model Approach, *International Journal of Academic Research in Accounting, Finance and Management Sciences*, Vol. 3, No.2, Aprile 2013, pagine 32-43, ISSN: 2225-8329.

89       Adaramola, Anthony Olugbenga (2011). The Impact of Macroeconomic Indicators on Stock Prices in Nigeria, *Developing Country Studies*, ISSN: 2224-607X (Paper) ISSN: 2225-0565 (Online), Vol. 1, No.2.

90       Rashid Ameer (2012). Fattori macroeconomici e offerte pubbliche iniziali (IPO) in Malesia, *Asian Academy of Management Journal of Accounting and Finance (AAMJAF)*, vol.

8, n. 1, pagg. 41-67.

91        Yu Hsing (2011). Impatto delle variabili macroeconomiche sull'indice del mercato azionario statunitense e implicazioni politiche, *Economics Bulletin,* Volume 31, Issue 01.

92        Gulnur Muradoglu, Hakan Berument e Kivilcim Metin (1999). Crisi finanziaria e cambiamenti nelle determinanti del rischio e del rendimento: An Empirical Investigation of an Emerging Market (ISE), *Multinational Finance Journal,* 1999, vol. 3, no. 4, pagg. 223-252.

93        Thomas C. Chiang, Sheng Y. Yang e Tse S. Wang (2000). Stock Return and Exchange Rate Risk: Evidence from Asian Stock Markets Based on A Bivariate GARCH Model, *International Journal of Business,* Vol. 5(2), pages 97-117, ISSN: 1083-4346.

94        . Desislava Dimitrova (2005). La relazione tra tassi di cambio e prezzi azionari: Studiata in un modello multivariato, *Issues in Political Economy,* Vol. 14.

95        .Chaiporn Vithessonthi e Jittima Tongurai (2008). The effects of capital control on stock prices: evidence from financial institutions in Thailand, *Journal of International Business and Economics,* Volume 8, Numero 2, pagine 10-24.

96        Aman Srivastava (2010). Relevance of Macro Economic factors for the Indian Stock Market, *Decision,* Vol. 37, No.3, pages 69-89.

97        .Wei-Chong Choo, See-Nie Lee e Sze-Nie Ung (2011). Incertezza macroeconomica e prestazioni dei modelli GARCH nella previsione della volatilità del mercato azionario giapponese, *International Journal of Business and Social Science,* Vol. 2, No. 01, pagg. 200-208.

98        Khizer Ali, Muhammad Farhan Akhtar e Prof. Hafiz Zafar Ahmed (2011). Bank-Specific and Macroeconomic Indicators of Profitability - Empirical Evidence from the Commercial Banks of Pakistan, *International Journal of Business and Social Science,* Vol. 2, No. 6, pagg. 235-242.

99        Gopalan Kutty (2010). La relazione tra tassi di cambio e prezzi azionari: il caso del Messico, *North American Journal of Finance and Banking Research,* Vol. 4. No. 4.

100        . Rashid Al Qenae, Carmen Li e Bob Wearing (2002). Il contenuto informativo degli utili sui prezzi delle azioni: The Kuwait Stock Exchange, *Multinational Finance Journal,* 2002, vol. 6, no. 3&4, pagg. 197-221.

101        . Mohamed Albaity e Rubi Ahmad (2008). Performance degli indici Syariah e compositi: Evidence from Bursa Malaysia, *Asian Academy of Management Journal of Accounting and Finance (AAMJAF),* Vol. 4, No. 1, pagg. 23-43.

102        . Osisanwo, Bukonla G. e Atanda, Akinwande A. (2012). Determinanti dei

rendimenti del mercato azionario in Nigeria: A Time Series Analysis, *African Journal of Scientific Research,* Vol. 9, No. 1, pagg. 478-496, ISSN 2220-9425.

103 . OlaOluwa S. Yaya e Olanrewaju I. Shittu (2010). Sull'impatto dell'inflazione e del tasso di cambio sulla volatilità condizionata del mercato azionario: una rivalutazione, *American Journal of Scientific and Industrial Research,* Vol. 1 No. 2, pagg. 115-117, ISSN: 2153-649X.

104 . Gevit Duca (2007). La relazione tra mercato azionario ed economia: l'esperienza dei mercati finanziari internazionali, *Bank of Valletta Review,* n. 36.

105 . Rosylin Mohd. YusofF e M. Shabri Abd. Majid (2007). La trasmissione della volatilità del mercato azionario in Malesia: Islamic Versus Conventional Stock Market, *J.KAU: Islamic Econ.,* Vol. 20, No. 2, pagine 17-35 (2007 A.D./1428 A.H.).

106 . Tantatape Brahmasrene (2007). Co-integrazione e causalità tra indice azionario e variabili macroeconomiche in un mercato emergente, *Academy of Accounting and Financial Studies Journal,* volume 11, numero 3,

107 . Ramazan Sari e Ugur Soytas (2006). La relazione tra rendimenti azionari, prezzi del greggio, tassi di interesse e produzione: Evidence from a Developing Economy, *The Empirical Economics Letters,* Volume 5, No. 4, pagine 205-220, ISSN 1681 8997.

108 . Unro Lee (1997). Mercato azionario e politiche macroeconomiche: New Evidence from Pacific Basin Countries, *Multinational Finance Journal,* vol. 1, no. 4, pagg. 273-289.

109 . Snehal Bandivadekar e Saurabh Ghosh (2003). Derivati e volatilità nei mercati azionari indiani, *Reserve Bank of India Occasional Papers,* Vol. 24, No. 3, pagg. 187-201.

110 . Dharmendra Singh (2010). Relazione causale tra variabili macroeconomiche e mercato azionario: A Case Study for India, *Pakistan Journal of Social Sciences (PJSS),* Vol. 30, No. 2, pagg. 263-274.

### GRAFICI DEI RENDIMENTI AZIONARI

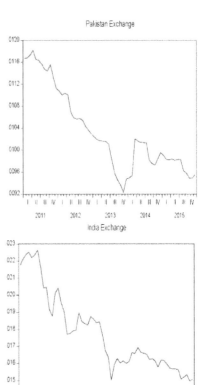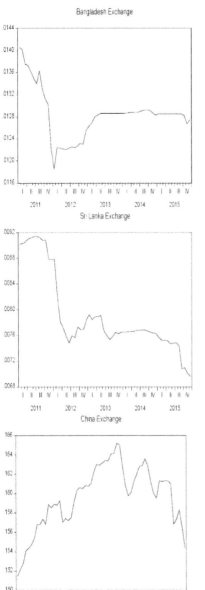

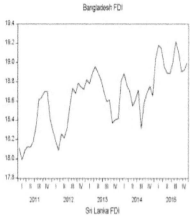
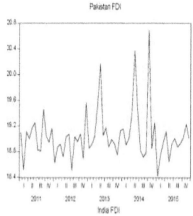
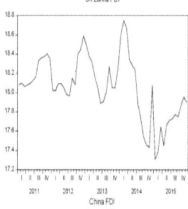
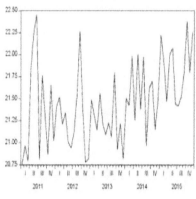
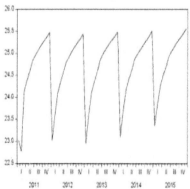

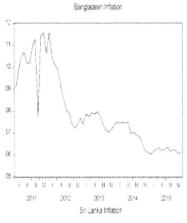
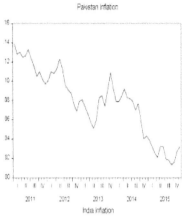
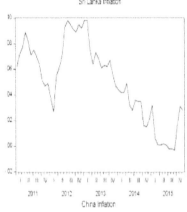
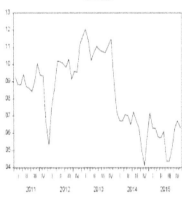

# I want morebooks!

Buy your books fast and straightforward online - at one of world's fastest growing online book stores! Environmentally sound due to Print-on-Demand technologies.

Buy your books online at
**www.morebooks.shop**

Compra i tuoi libri rapidamente e direttamente da internet, in una delle librerie on-line cresciuta più velocemente nel mondo! Produzione che garantisce la tutela dell'ambiente grazie all'uso della tecnologia di "stampa a domanda".

Compra i tuoi libri on-line su
**www.morebooks.shop**

info@omniscriptum.com
www.omniscriptum.com

www.ingramcontent.com/pod-product-compliance
Ingram Content Group UK Ltd.
Pitfield, Milton Keynes, MK11 3LW, UK
UKHW030824171224
452675UK00001B/268